신나는
바이올린
계이름공부
4
미
세광음악출판사

차 례

OPEN A·D
1권

▶ 계이름
▶ 오선 악보로 보는 라, 레
솔레라미 줄이름
줄과 칸
높은음자리표
음표와 쉼표_ ♩. ♩ ♩. ◦
마디와 세로줄

A
2권

▶ 영어 음이름
▶ 라(A)줄_라시도레미
▶ 임시표 도♯
라(A)줄_라시도레미
온음과 반음
음표와 쉼표_ 𝄽 ▬ ▭
여러 가지 세로줄
도돌이표 ①

D
3권

▶ 우리나라 음이름
▶ 레(D)줄_레미파솔라
▶ 임시표 파♯
▶ 조표♯
레(D)줄_레미파솔라
줄의 혼합 A+D
음표와 쉼표_ ♪ ♪
박자표(4/4, 2/4)
도돌이표 ②

E

4권

▶덧줄과 덧칸_오선의 위
▶미(E)줄_미파솔라시
▶**조표** ♯♯ ♯♯♯
▶**임시표** 시♭

미(E)줄_미파솔라시
줄의 혼합 A+D+E
음표와 쉼표_ ♪.𝄾
박자표(3/4)
도돌이표③

G

5권

▶덧줄과 덧칸_오선의 아래
▶솔(G)줄_솔라시도레
▶**조표** ♭ , ♭♭

줄의 혼합 A+D+E+G
음표와 쉼표_ ♫₃
셈여림표
박자표(6/8)

4개의 악기가 보여주는 가장 큰 차이는 **크기**예요.

크기가 **커질수록 낮은 소리를** 내고,

크기가 **작아질수록 높은 소리를** 내지요.

바이올린 패밀리

| 콘트라베이스 | 첼로 | 비올라 | 바이올린 |

그림자와 비교하여, 바이올린 패밀리가 아닌 악기를 찾아 ✕ 표시해보세요.

✕ 표시는 3개!

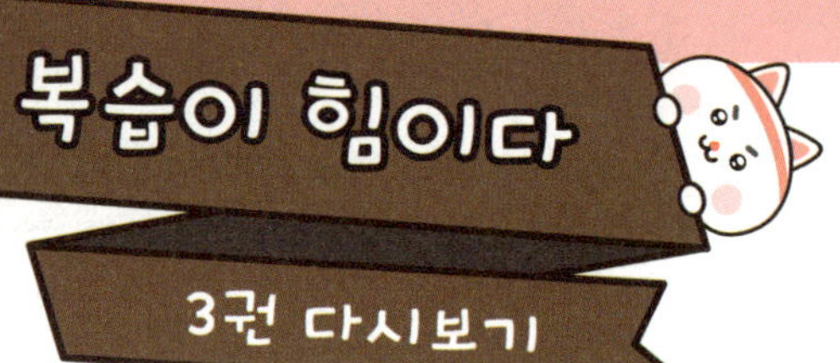

🧁 주어진 계이름과 짝꿍이 되는 음이름을 빈칸에 써보세요.

🧁 빈칸에 알맞은 손가락 번호를 써보세요.

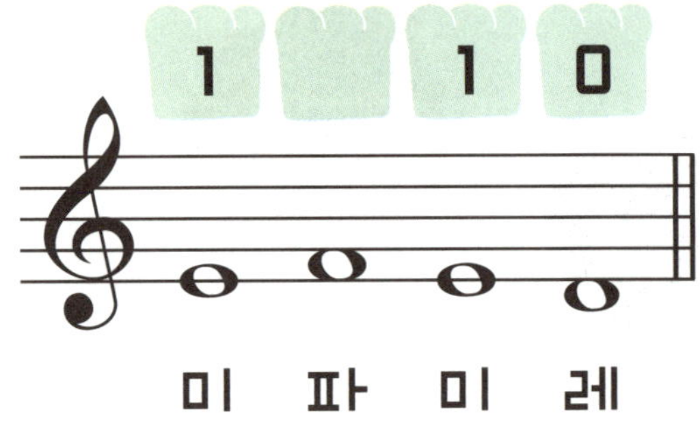

주어진 악보를 보고 알맞은 지판과 연결해보세요.

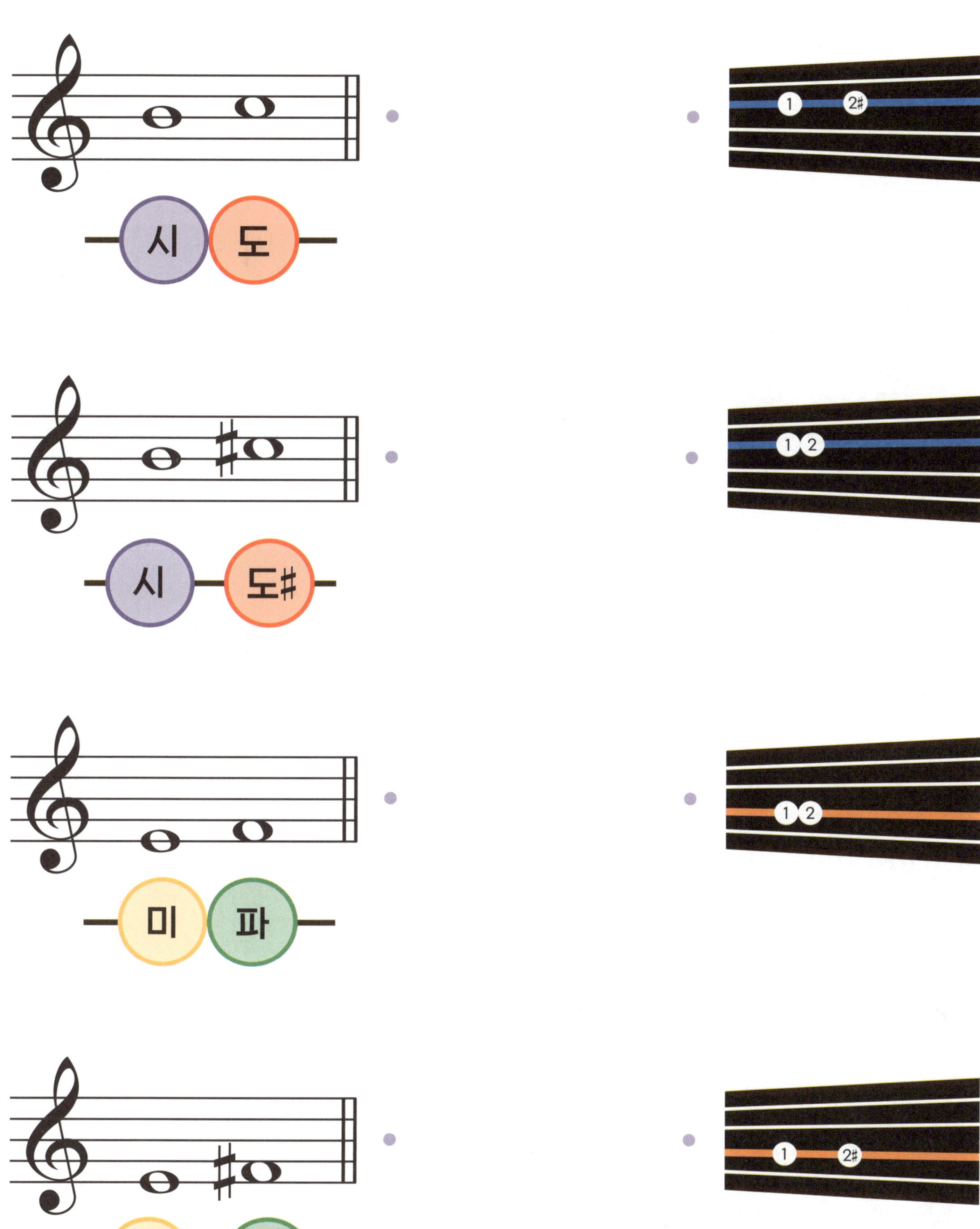
시 도
1 2#
시 도#
1 2
미 파
1 2
미 파#
1 2#

빈칸에 알맞은 박의 수를 써보세요.

8분음표 반박 8분쉼표 ___박 쉼.
4분음표 1박 4분쉼표 ___박 쉼.
2분음표 ___박 2분쉼표 2박 쉼.
점2분음표 ___박 점2분쉼표 3박 쉼.
온음표 4박 온쉼표 ___박 쉼.

빈칸에 알맞은 박자표를 써보세요.

🧁 주어진 악보를 보고 이음줄과 붙임줄을 구분하여 ⭕표시해보세요.

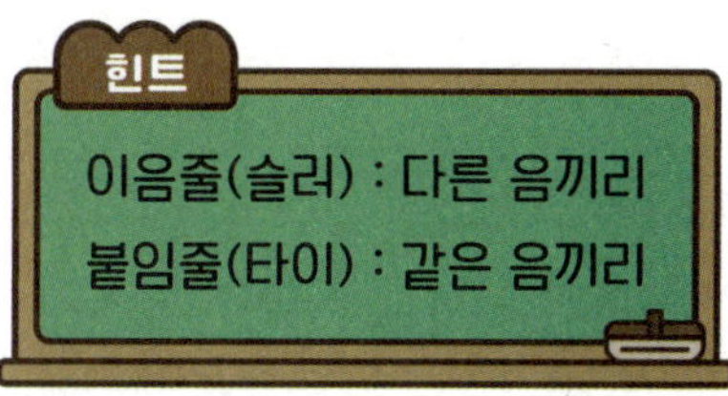

🧁 빈칸에 알맞은 연주 순서를 써보세요.

덧줄과 덧칸

줄과 칸을 차례대로 그리다 보면,

오선의 마지막 줄에 도착해요.

오선 밖의 음은 덧줄과 덧칸을 사용해요.

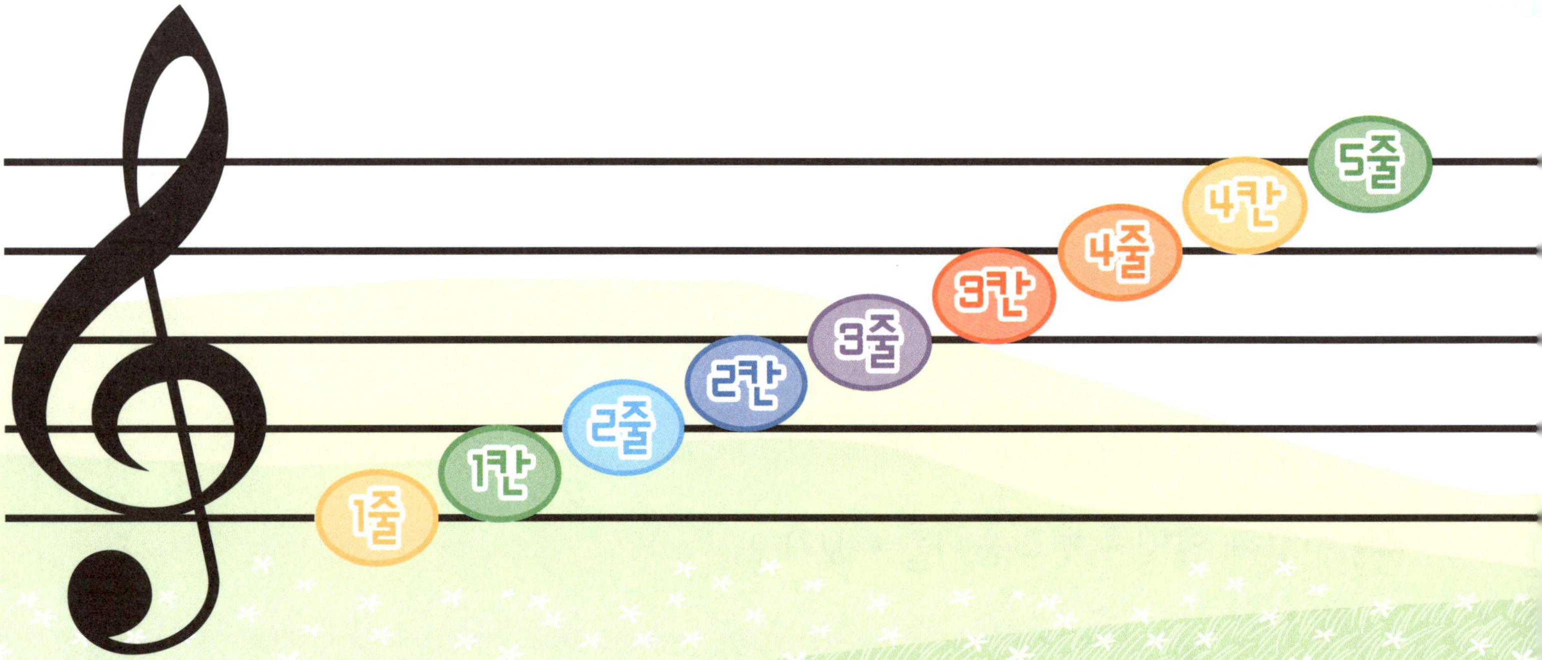

덧붙이는 줄,
덧줄

덧붙이는 칸,
덧칸

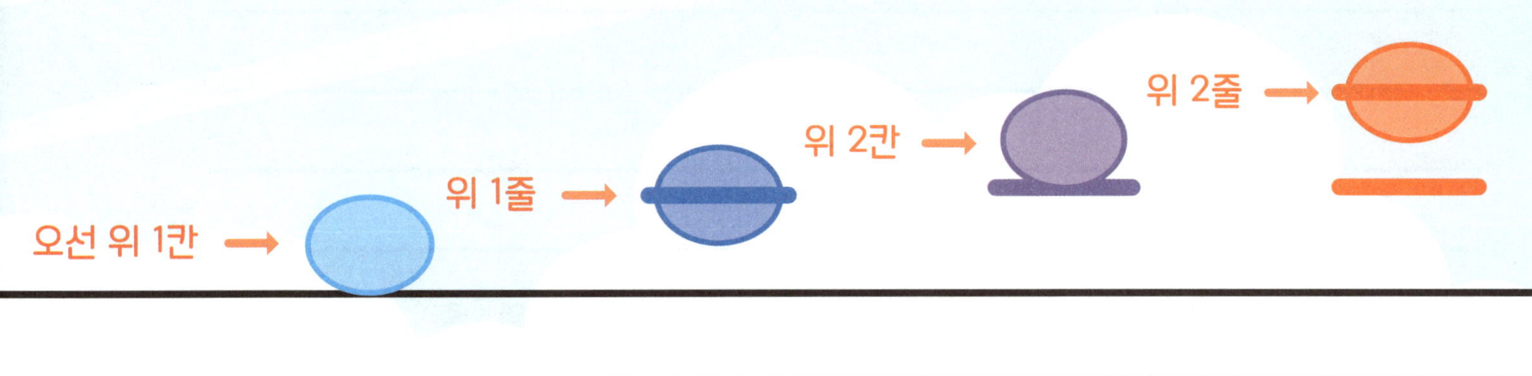

🧁 덧줄과 덧칸에 음표를 올라가는 순서대로 따라 그려보세요.

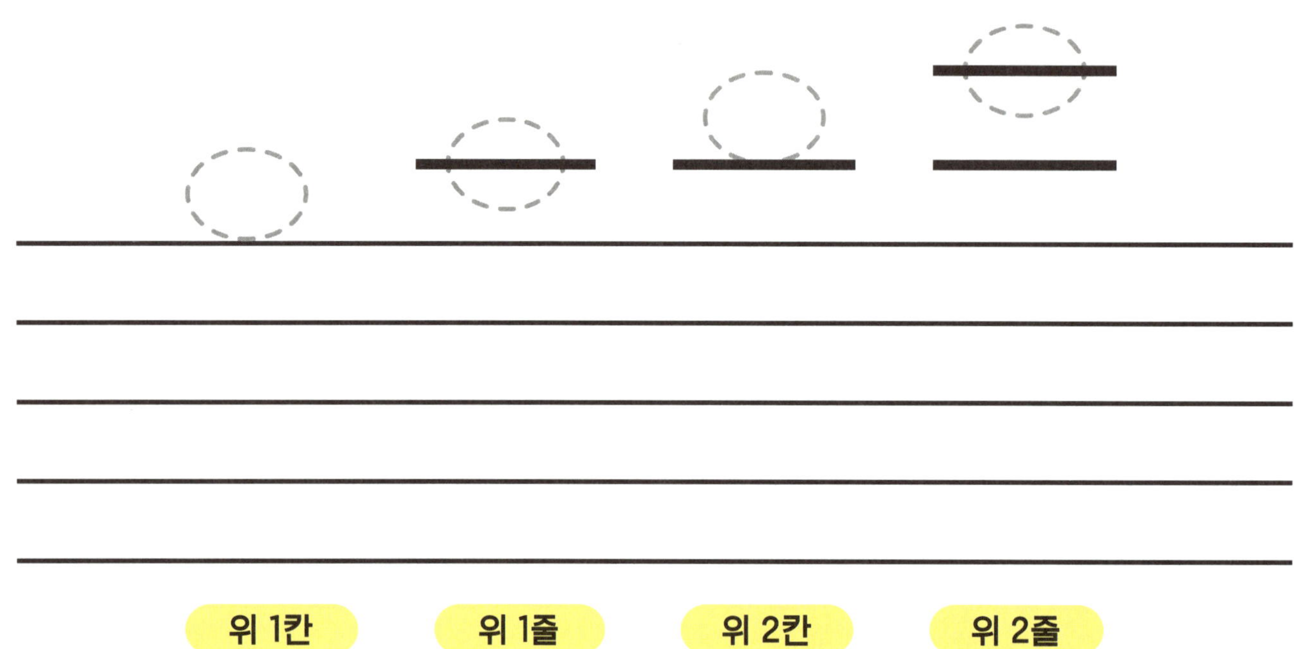

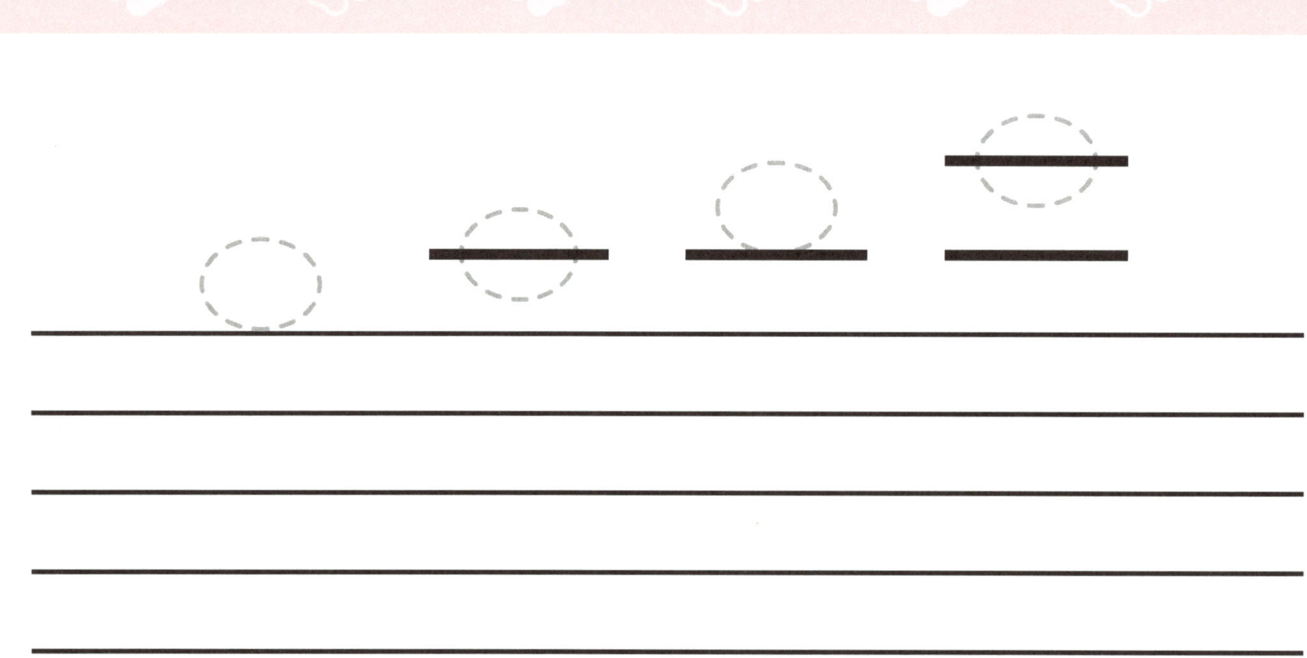

덧줄과 덧칸에 음표를 올라가는 순서대로 직접 그려보세요.

미 줄의 1포지션에서 나올 수 있는 음은 모두 5개입니다.
그 중 1번 손가락 '파'음은 라, 레 줄의 1번 손가락보다 내려 짚어요.

[미파·시도]는 반음 사이예요.

공식처럼 외워봅시다.

미(E)줄의 다섯 음을 반복하여 그리고, 계이름을 써보세요.

미
파
솔
라
시

🧁 주어진 악보에 두 음을 그려보고, 빈칸을 채워보세요.

<table>
<tr><td>왼손 손가락 번호</td><td></td><td>계이름</td><td></td><td>영어 음이름</td><td></td></tr>
</table>

색깔공에 알맞은 계이름을 써보세요.

🧁 주어진 악보에 두 음을 그려보고, 빈칸을 채워보세요.

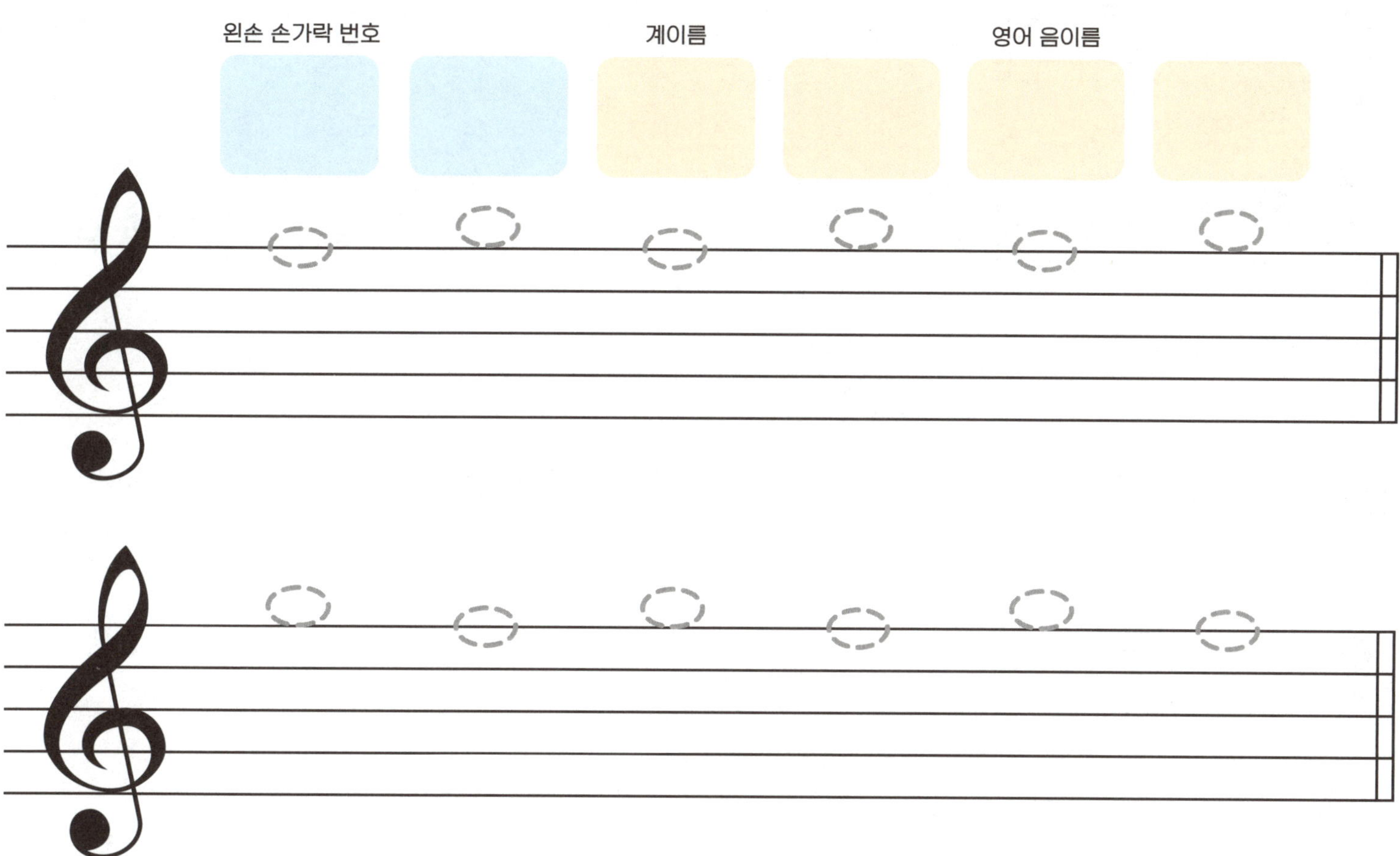

 주어진 악보를 읽어 보고, 알맞은 계이름과 연결해보세요.

주어진 악보를 읽어 보고, 알맞은 손가락 번호와 연결해보세요.

오선 악보의 계이름을 읽어보고, 순서대로 바이올린 위의 점을 이어보세요.
바이올린 점을 이어 보면, 브릿지가 생겨요.
솔
파
미
솔

🧁 주어진 악보에 두 음을 그려보고, 빈칸을 채워보세요.

왼손 손가락 번호　　　　　계이름　　　　　영어 음이름

색깔공에 알맞은 계이름을 써보세요.

주어진 악보에 두 음을 그려보고, 빈칸을 채워보세요.

왼손 손가락 번호		계이름		영어 음이름	

여기도 써보세요.

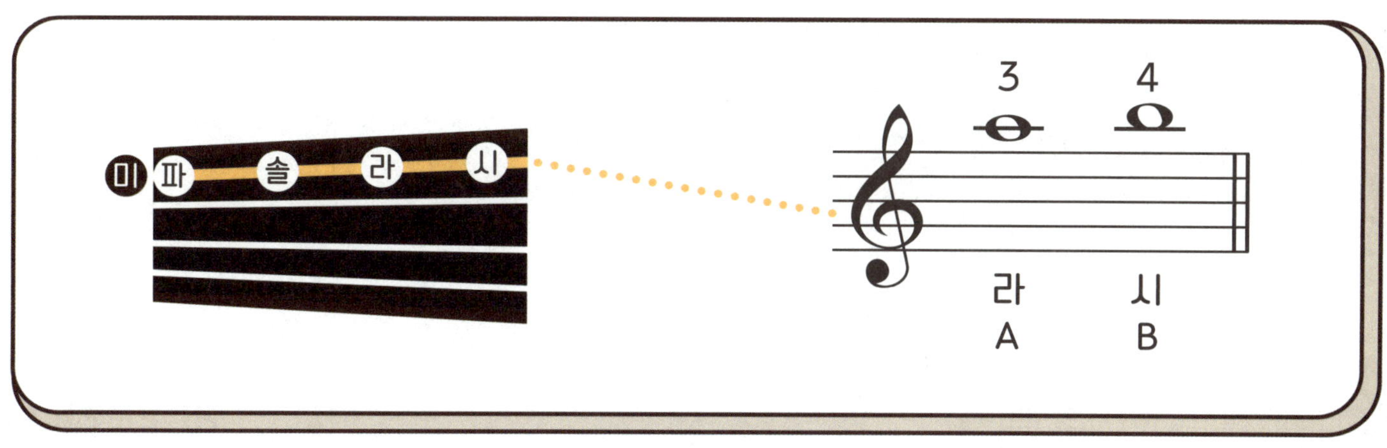

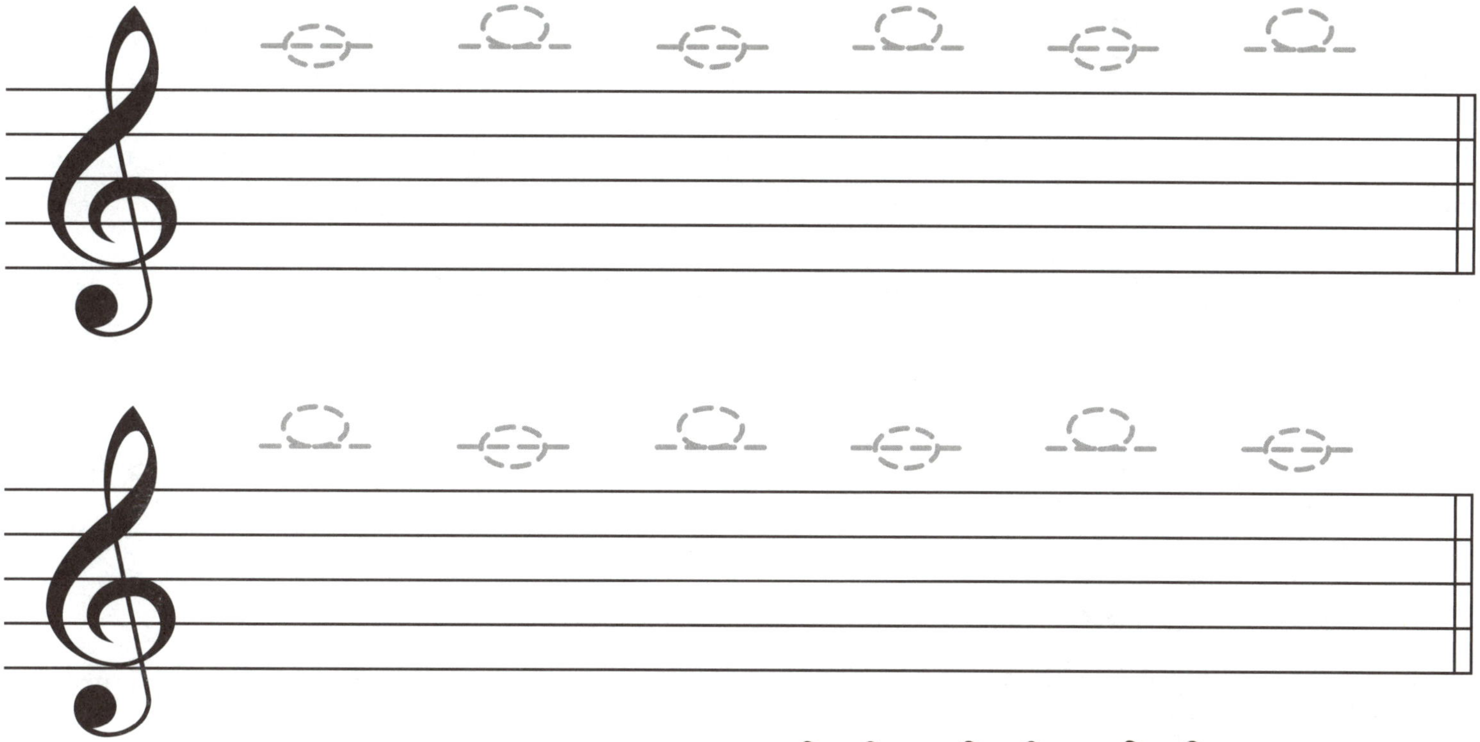

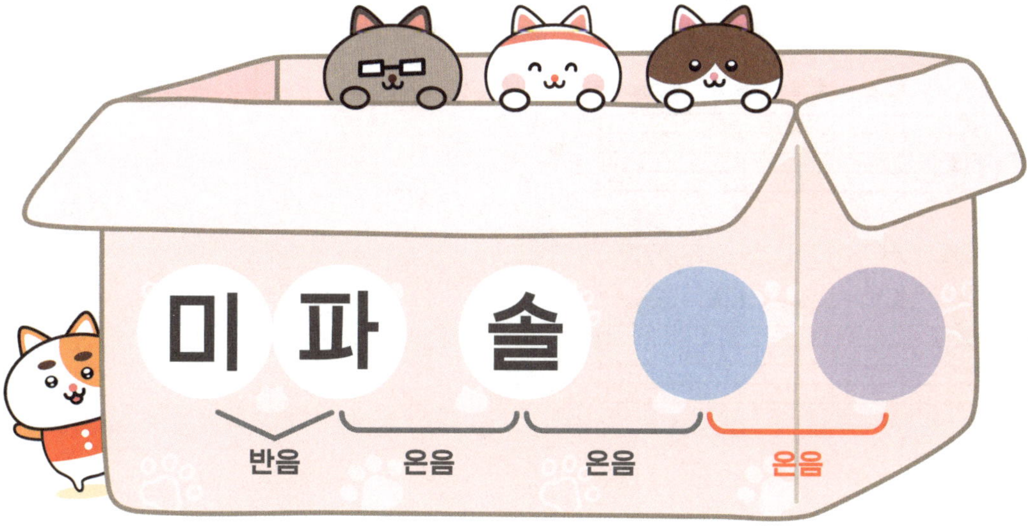

주어진 악보를 읽어 보고, 알맞은 계이름과 연결해보세요.

주어진 악보를 읽어 보고, 알맞은 손가락 번호와 연결해보세요.

주어진 악보에 알맞은 음표를 채워보고, 악보의 계이름 순서대로 바이올린 위의 점을 이어보세요. 바이올린 점을 이어보면, f홀이 생겨요.

시 라 솔 라

솔
시
라
시
시
라
솔
솔
라

미(E)줄의 다섯 음을 따라 그리고, 반음 사이의 두 음에 ⭕표시해보세요.

반음 물고기를 찾아 고양이의 낚시대에 연결해보세요.

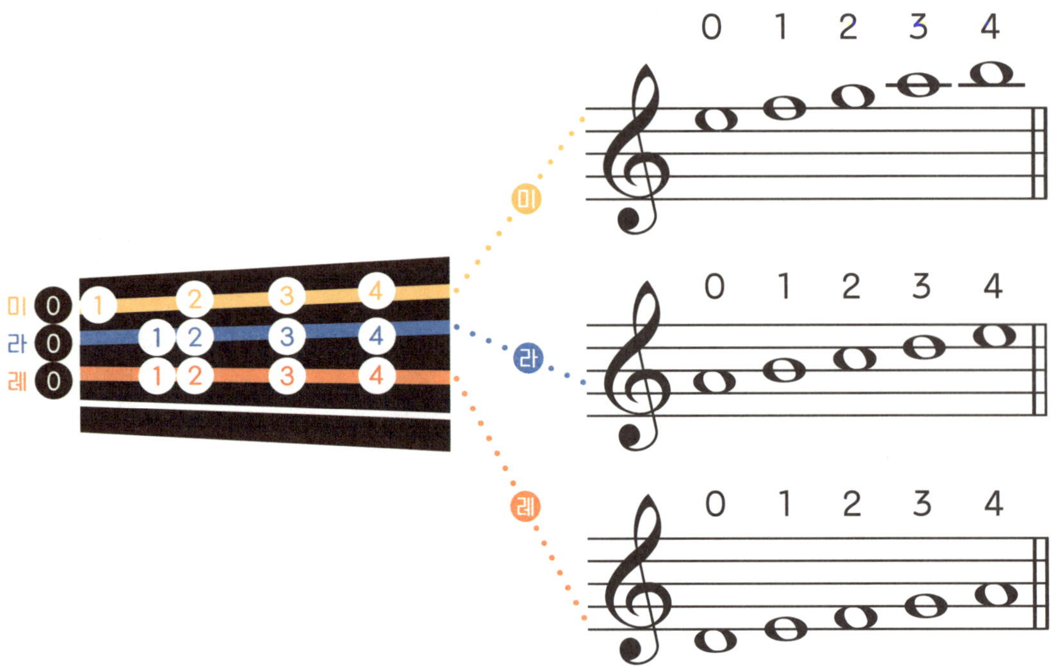

🧁 악보의 음표 위치를 보고, 알맞은 바이올린 줄과 연결해보세요.

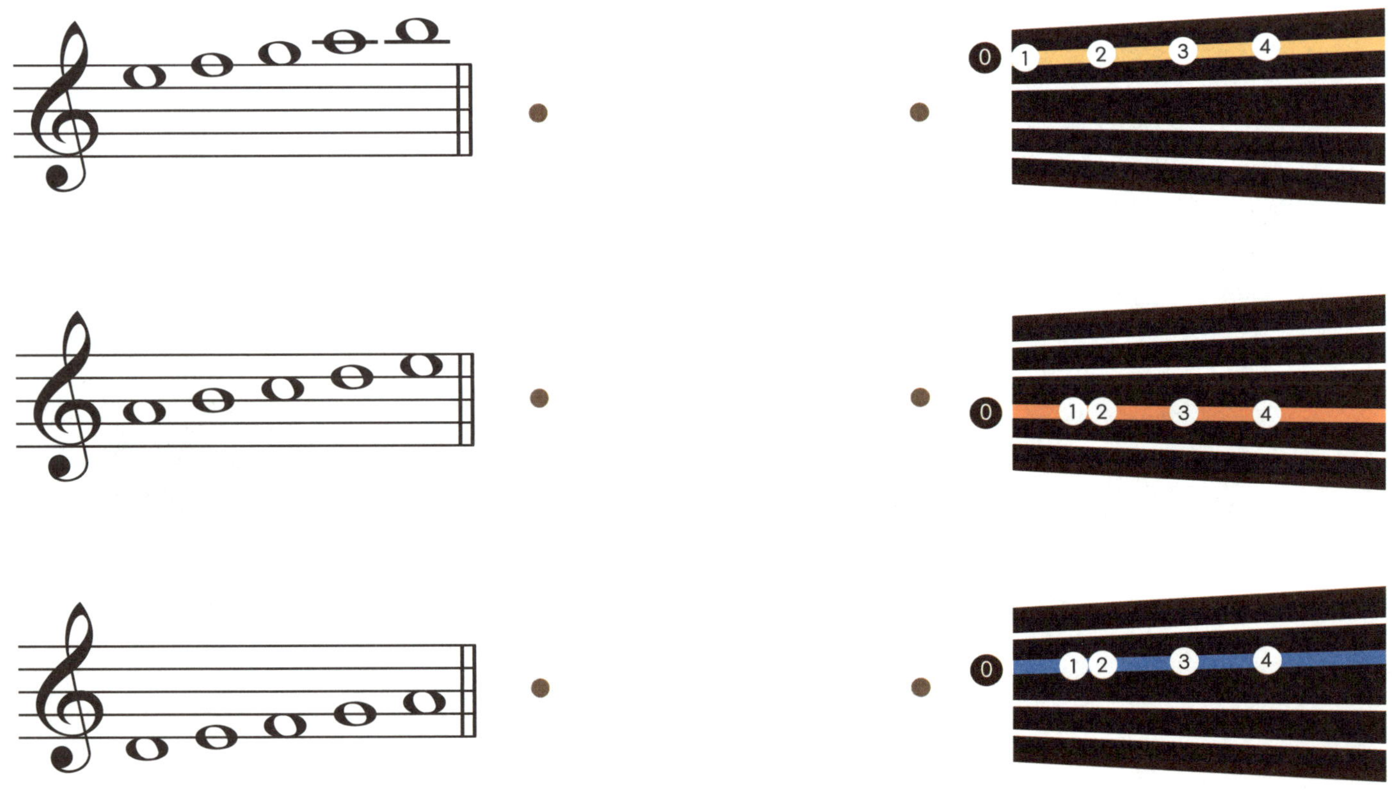

고양이가 말하는 음표를 찾아 직접 그려보세요.

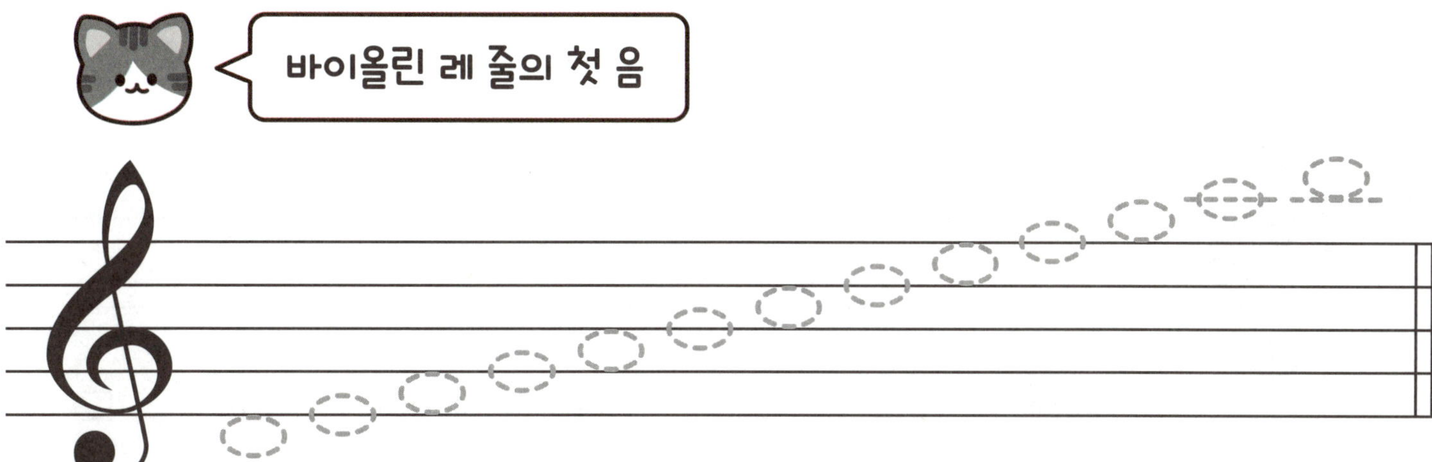
바이올린 레 줄의 첫 음

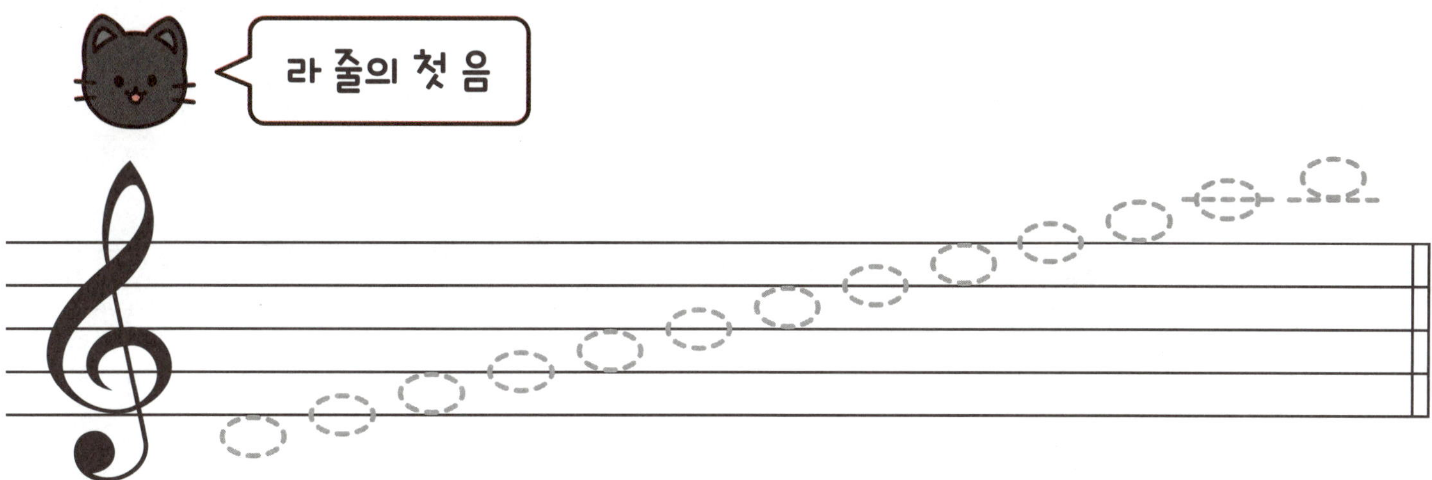
라 줄의 첫 음

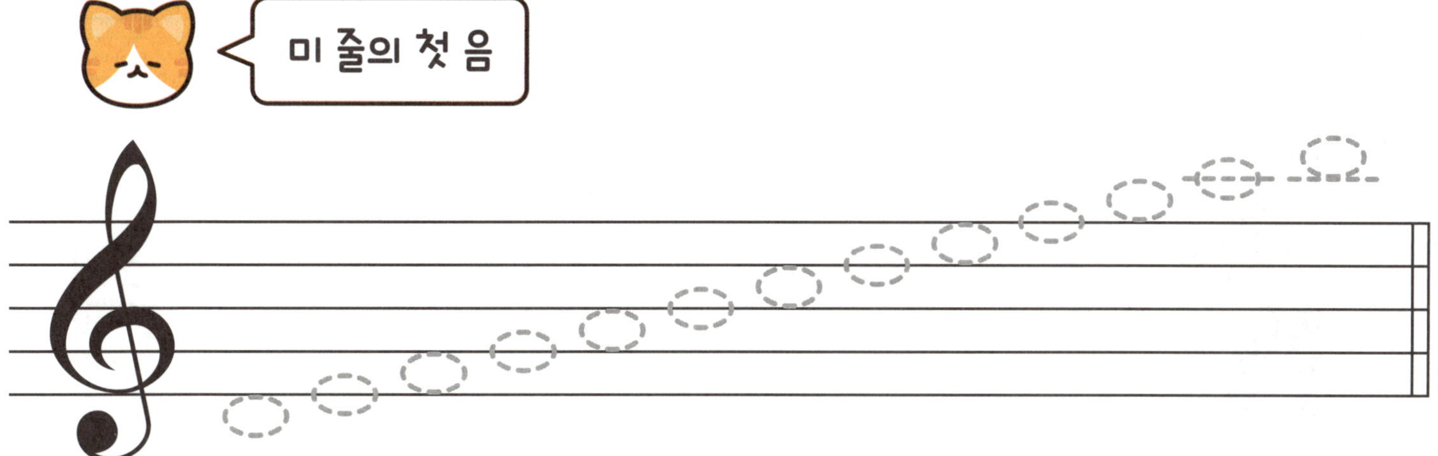
미 줄의 첫 음

🧁 '차례가기' 악보의 음표를 따라 그려보세요.

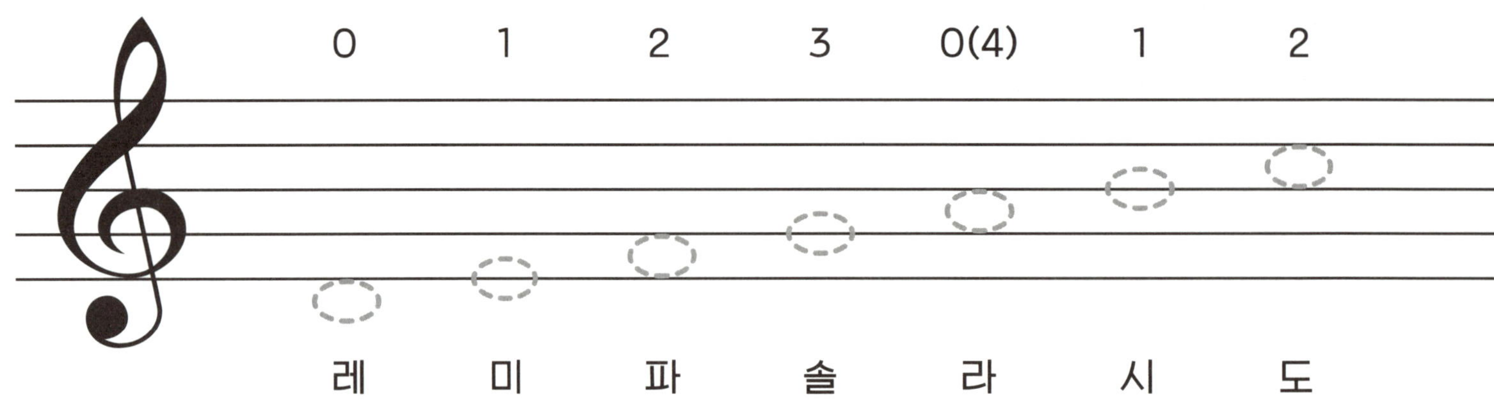

🧁 두 명의 친구들이 선생님께 악보를 받아서 처음 읽으려고 해요.
색깔이 칠해진 부분의 계이름을 써보세요.

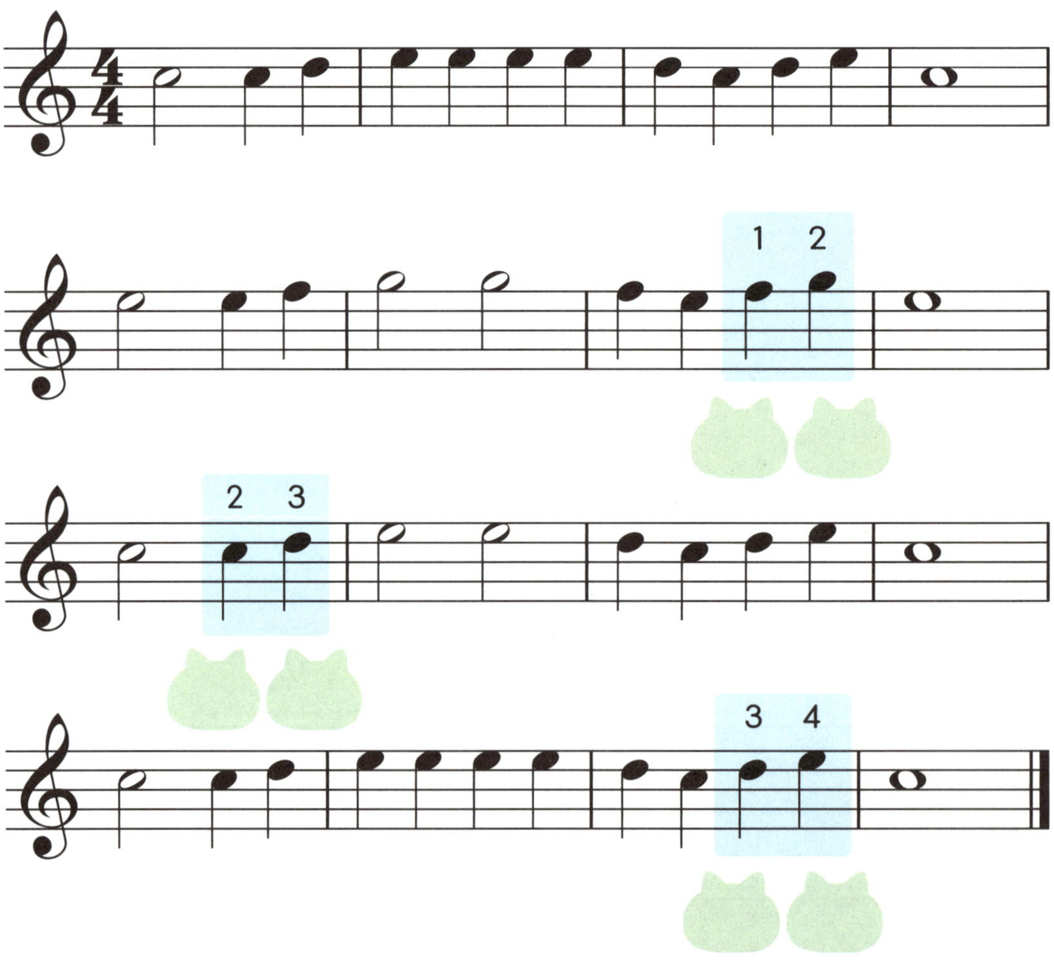

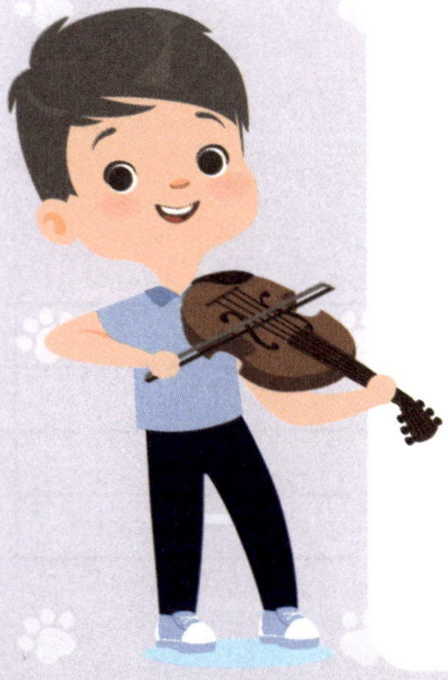

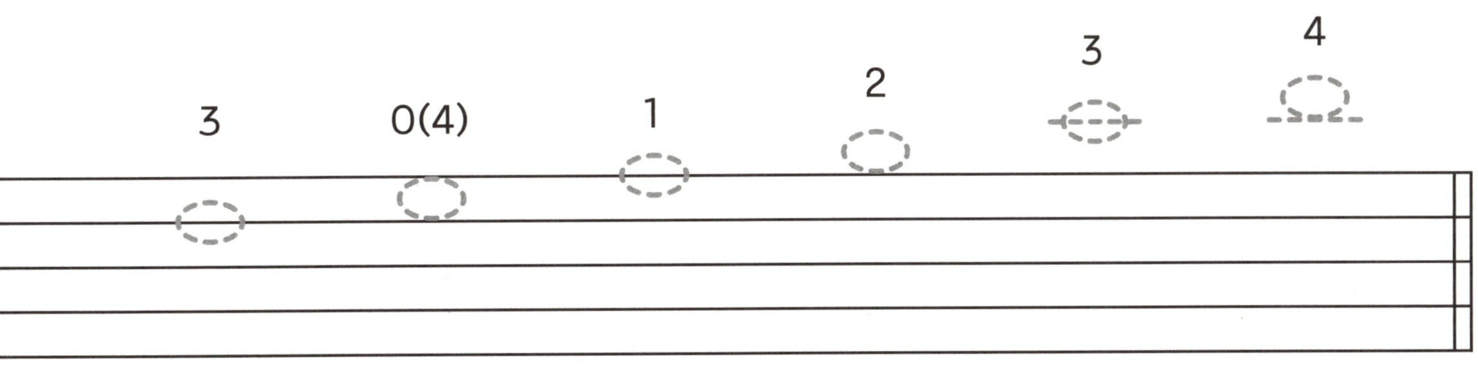

3
0(4)
1
2
3
4
레   미   파   솔   라   시

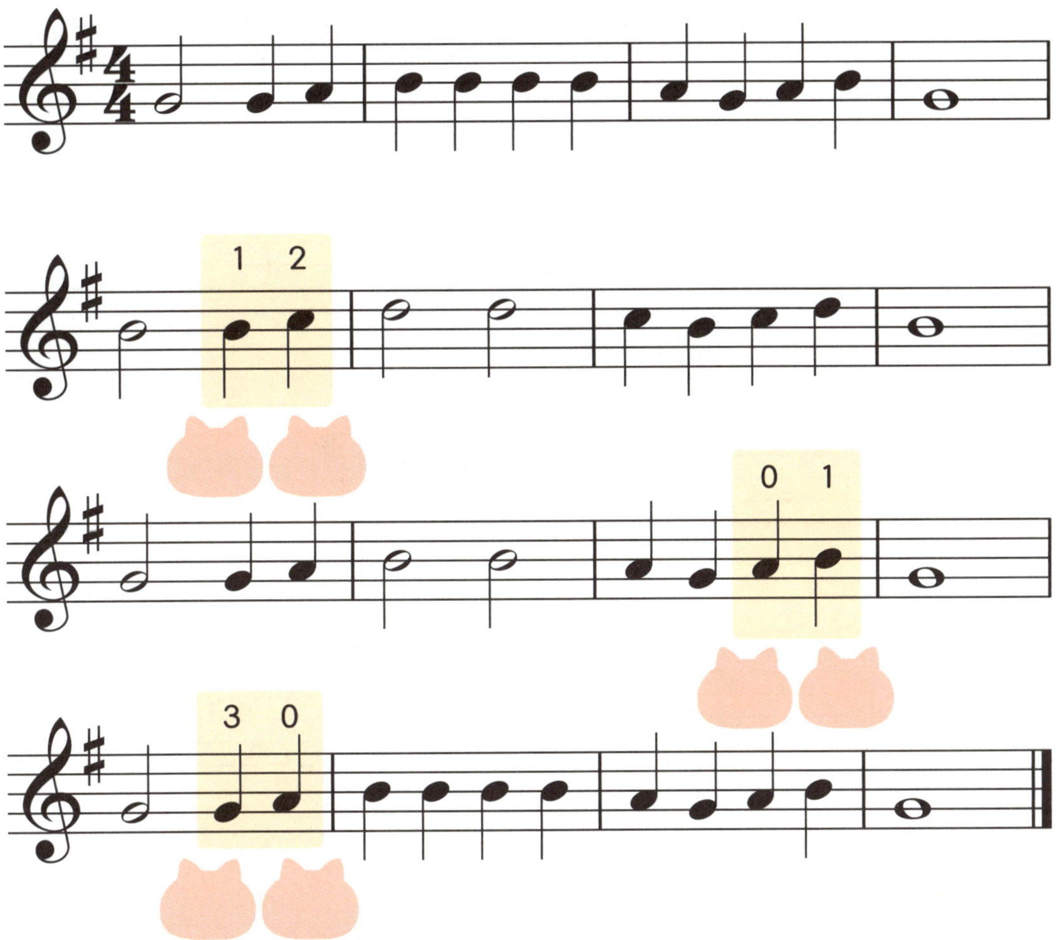

1 2
0 1
3 0

두 음씩 건너뛰기

'건너뛰기' 악보의 음표를 따라 그려보세요.

레 파 라 도 미 솔 시 솔 미 도 라 파 레

색깔이 칠해진 부분의 계이름을 쓰고, 차례가기 건너뛰기 를 구분하여 √표시해보세요.

차례가기	건너뛰기

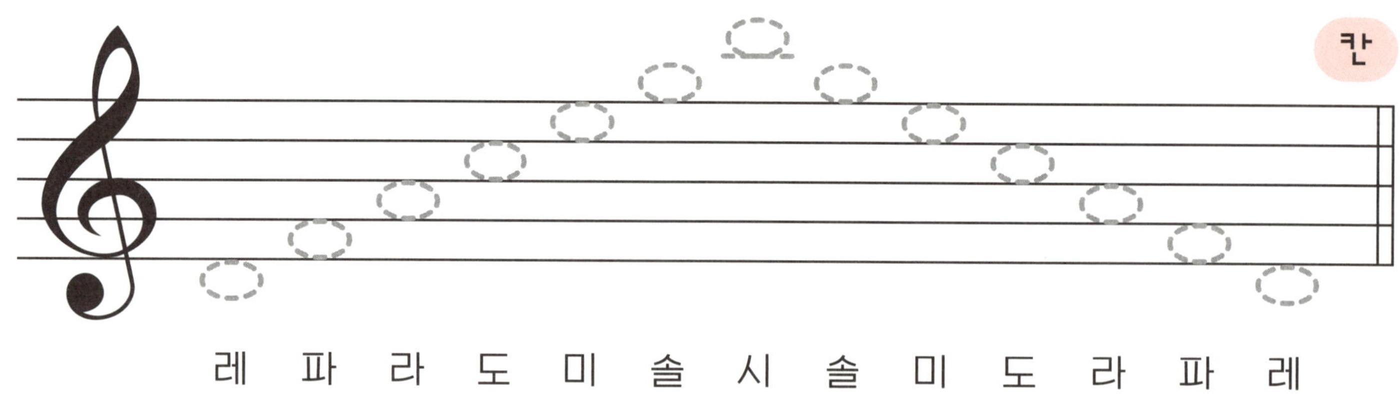

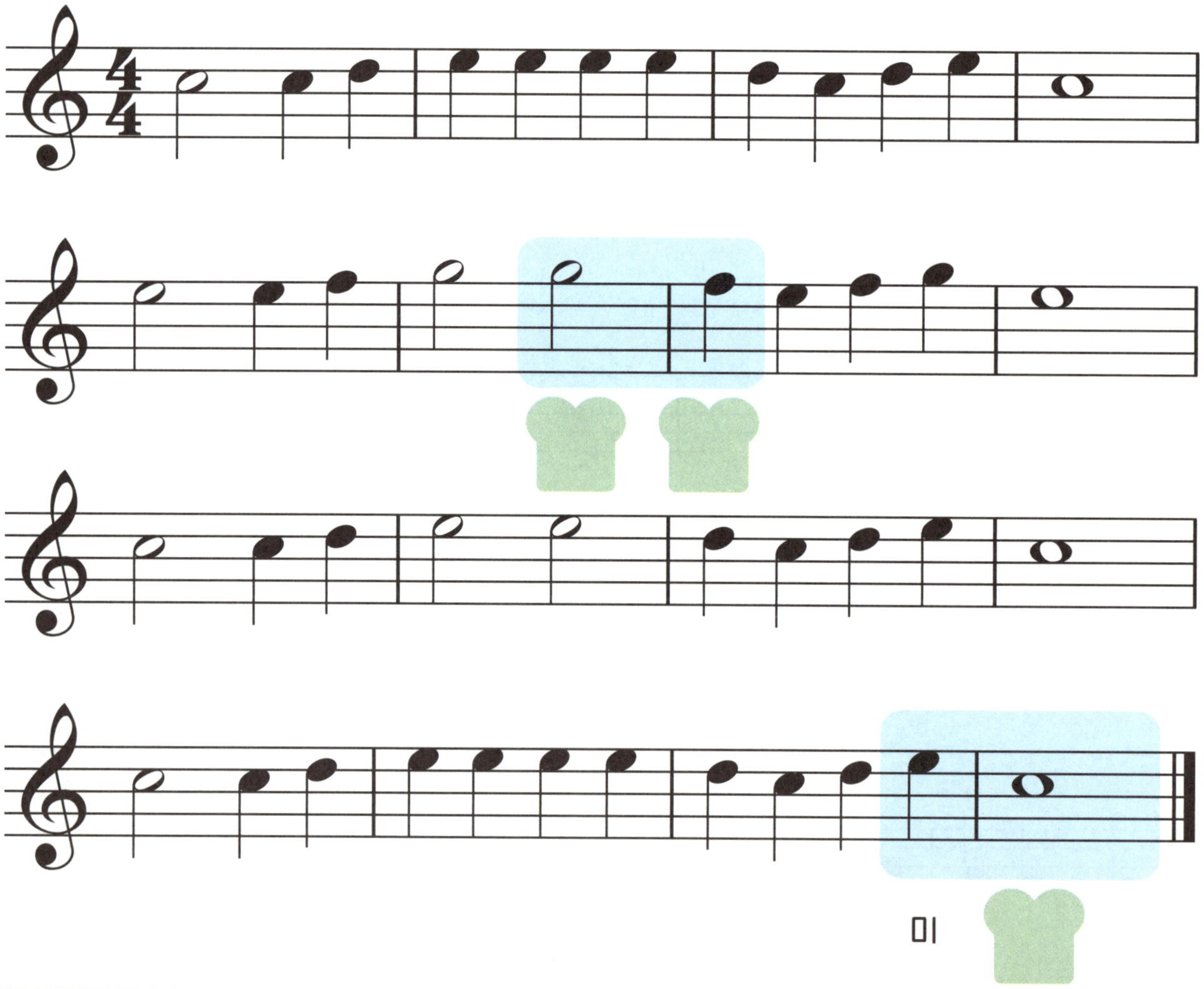

You can do it!!

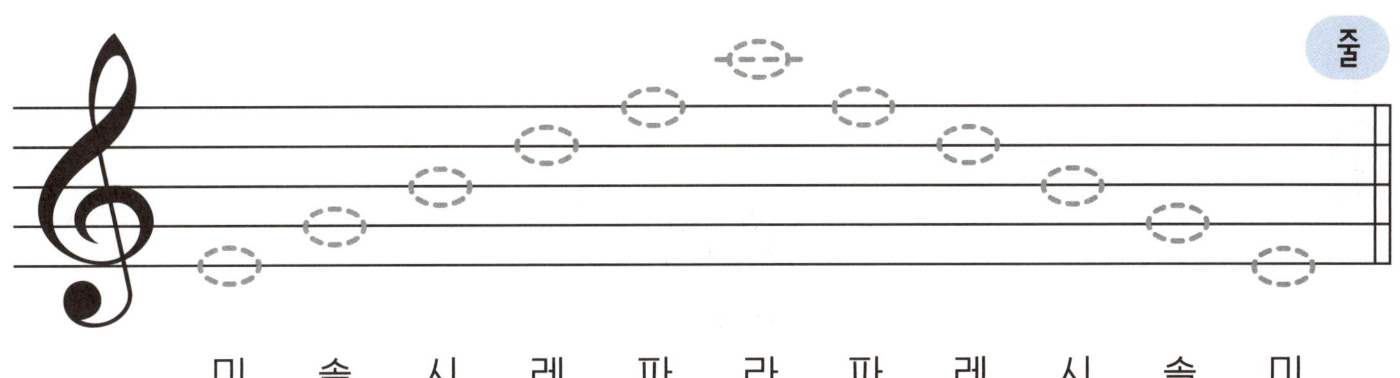
줄
미 솔 시 레 파 라 파 레 시 솔 미

솔

차례가기 | 건너뛰기

악보를 모두 읽은 두 친구가 연주하는 날이에요.
무대에서 긴장한 친구들이 바이올린 손가락 번호를 적었는데 잘못 적은 부분이 보이네요.
색칠된 박스 안의 손가락 번호를 보고 바르게 고쳐보세요.

거미
바이올린 2

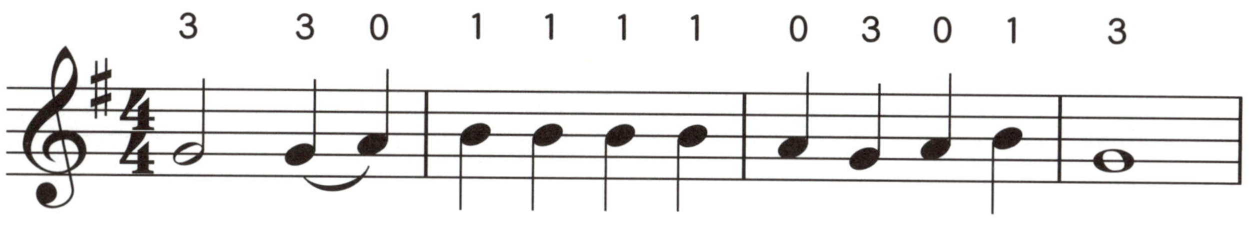

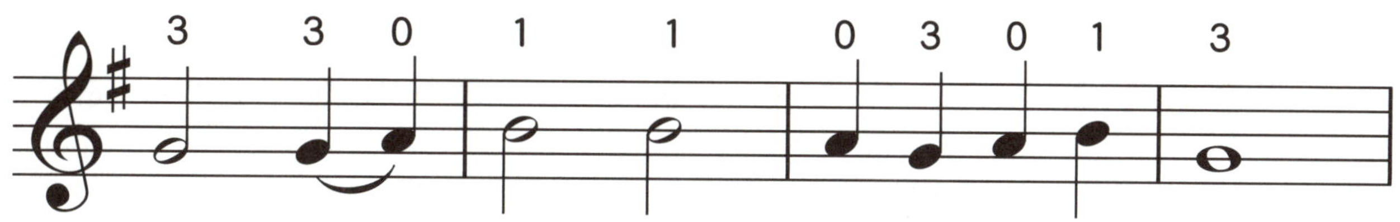

🧁 라 줄과 미 줄에서 연주하는 곡이에요.

빈칸에 알맞은 손가락 번호와 계이름을 써보세요.

올라가는 눈 1 🐾

2 1 0 3 2   3   3 1 0 3

솔파미레도   레레레레레 레파미레

2 3 0 1 2   2 1 0 3 2   3   3 1 0 3   2 4 2

도레미파솔   솔파미레도   레레레레레 레파미레   도 미 도

🧁 레 줄과 라 줄에서 연주하는 곡이에요.
빈칸에 알맞은 손가락 번호와 계이름을 써보세요.

올라가는 눈 2

3 0 1 2 3   3 2 1 0 3   0   0 2 1 0   3 1 3

솔 라 시 도 레   레 도 시 라 솔   라 라 라 라 라 라 도 시 라   솔 시 레

3 0 1 2 3   0   0 2 1 0

솔 라 시 도 레   라 라 라 라 라 라 도 시 라

🧁 덧줄과 덧칸 위에 그려진 음표가 총 몇 개인지 써보세요.

 개

🧁 미 줄에서 연주하는 악보에요. 빈칸에 알맞은 손가락 번호를 적어보세요.

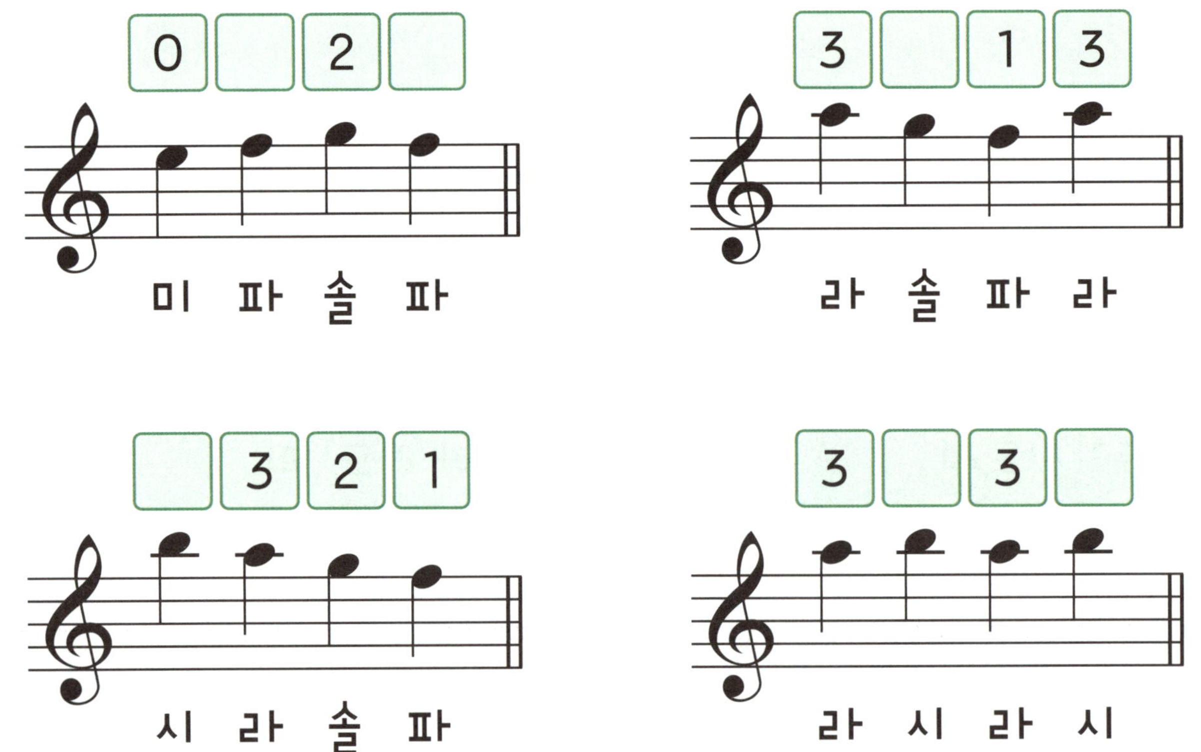

고양이가 설명하고 있는 음표를 찾아 ◯표시해보세요.

2분음표야.
미 줄에서 4번 손가락으로 연주해.
오선 위 덧칸에 있어.
계이름은 '시'야.

8분음표야.
미 줄에서 3번 손가락으로 연주해.
오선 위 덧줄에 있어.
계이름은 '라'야.

4분음표야.
미 줄에서 1번 손가락으로 연주해.
계이름은 '파'야.

주어진 악보의 계이름을 읽어보고, 알맞은 지판과 연결해보세요.

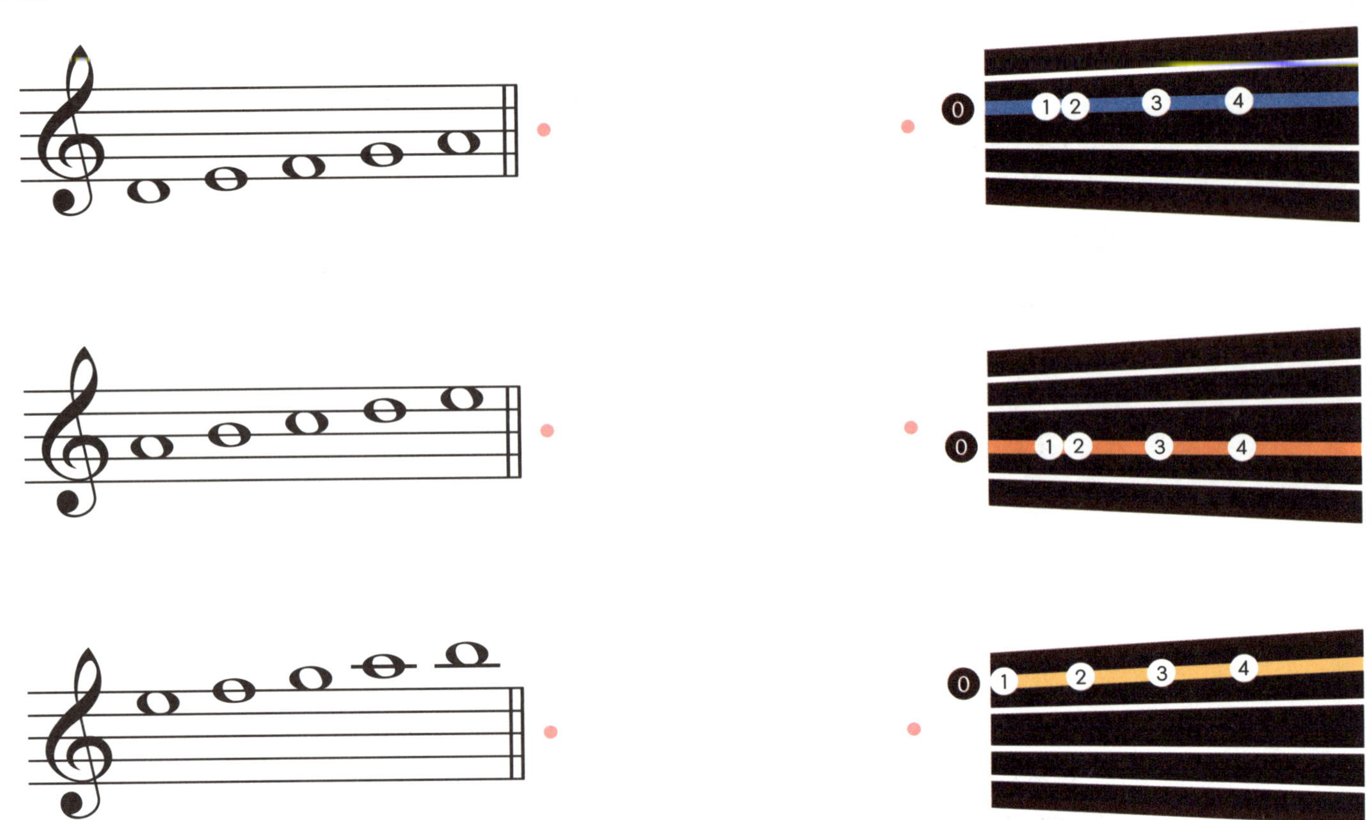

각 줄에서 ◯표시된 손가락 번호가 연주하는 음을 찾아 ◯표시해보세요.

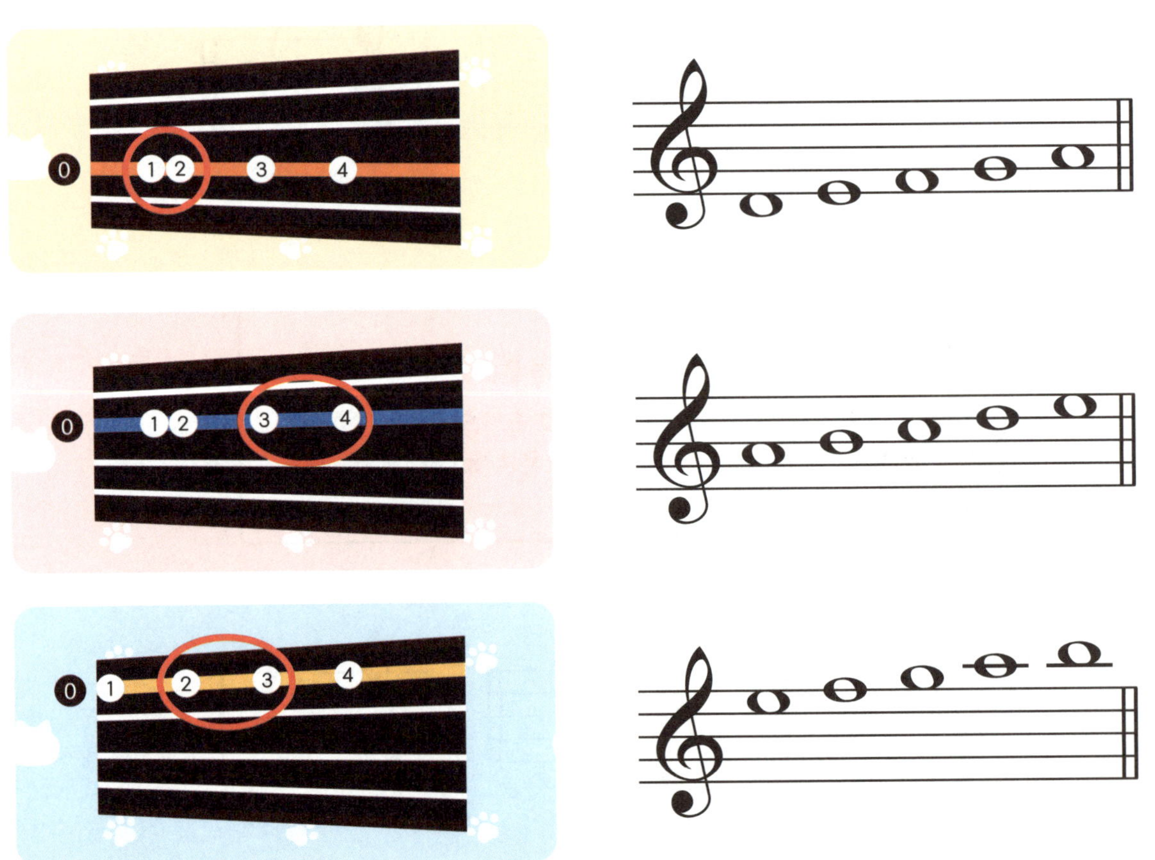

빈칸에 알맞은 계이름과 손가락 번호를 써보세요.

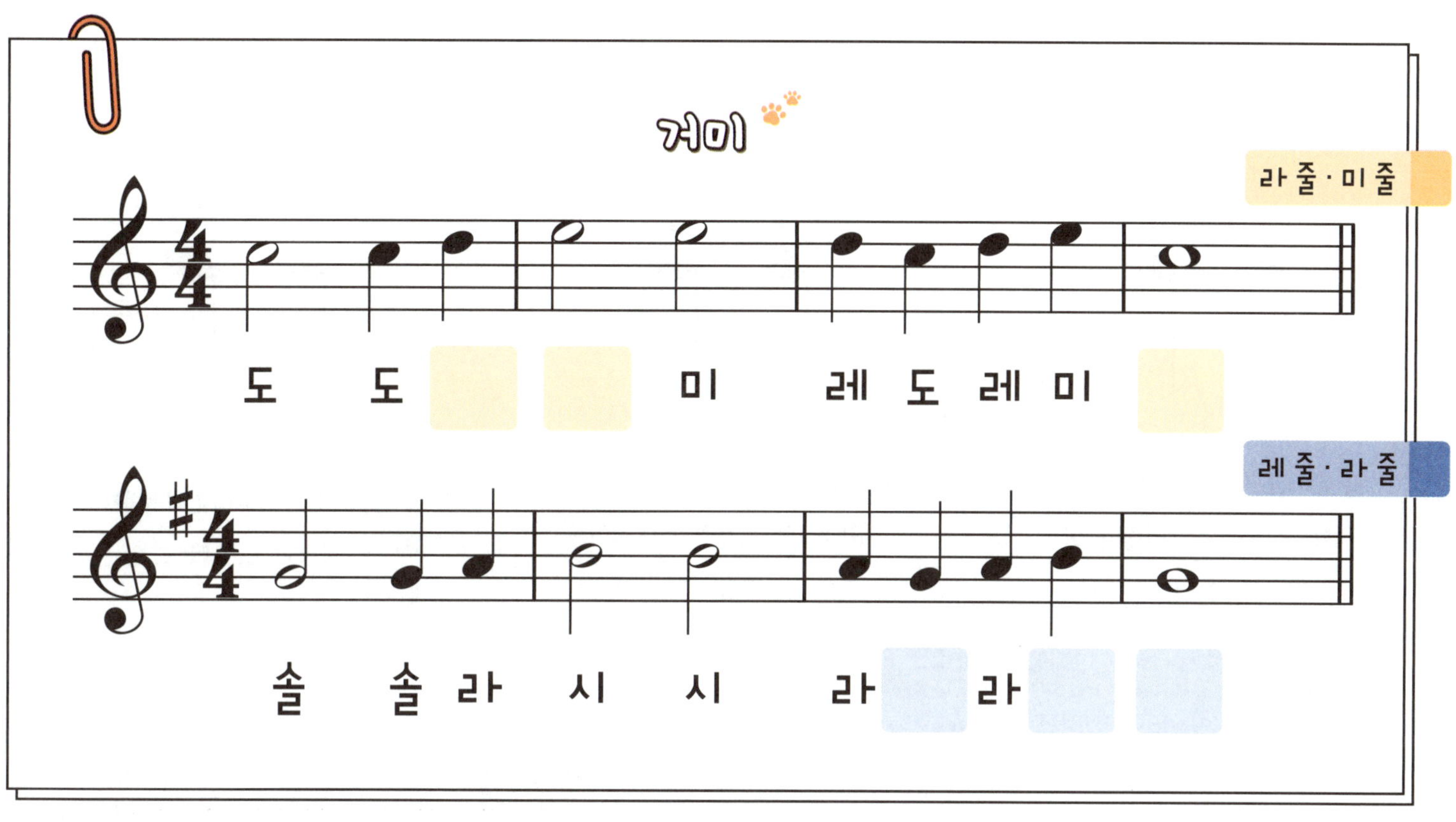
거미
라 줄 · 미 줄
도 도 미 레 도 레 미
레 줄 · 라 줄
솔 솔 라 시 시 라 라

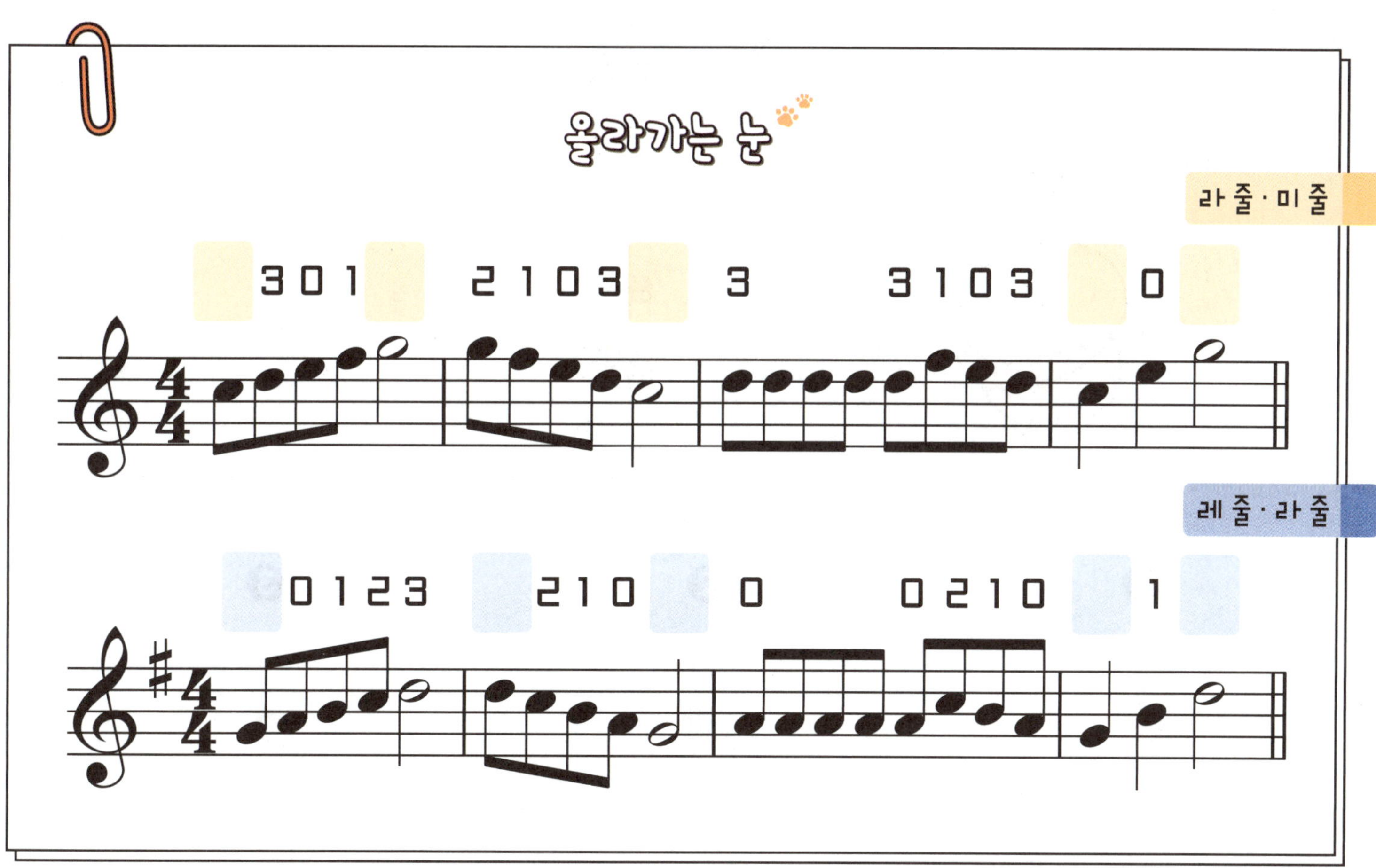
올라가는 눈
라 줄 · 미 줄
3 0 1 2 1 0 3 3 3 1 0 3 0
레 줄 · 라 줄
0 1 2 3 2 1 0 0 0 2 1 0 1

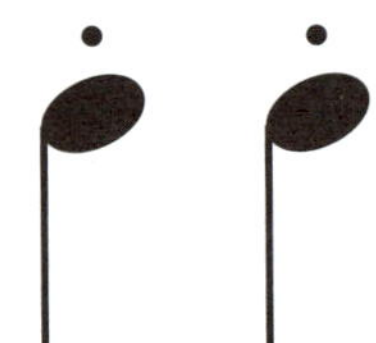

음표가 가진 길이의 절반만 소리
내세요. 음과 음 사이를 끊어
연주합니다.

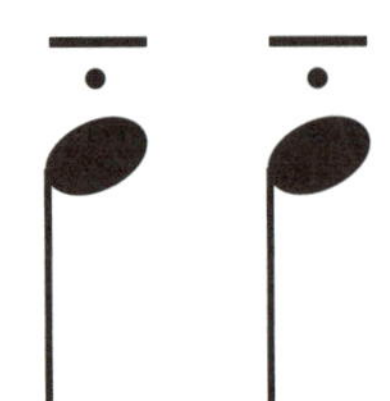

스타카토의 길이보다 조금 더 길게
소리내지만, 음표가 가진 길이를
모두 소리내지는 않습니다.

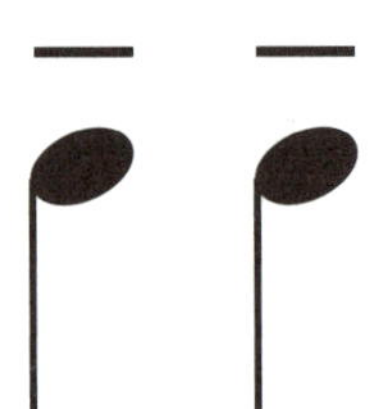

음표가 가진 길이를 충분히,
끝까지 소리내세요.

❶

❷

❸

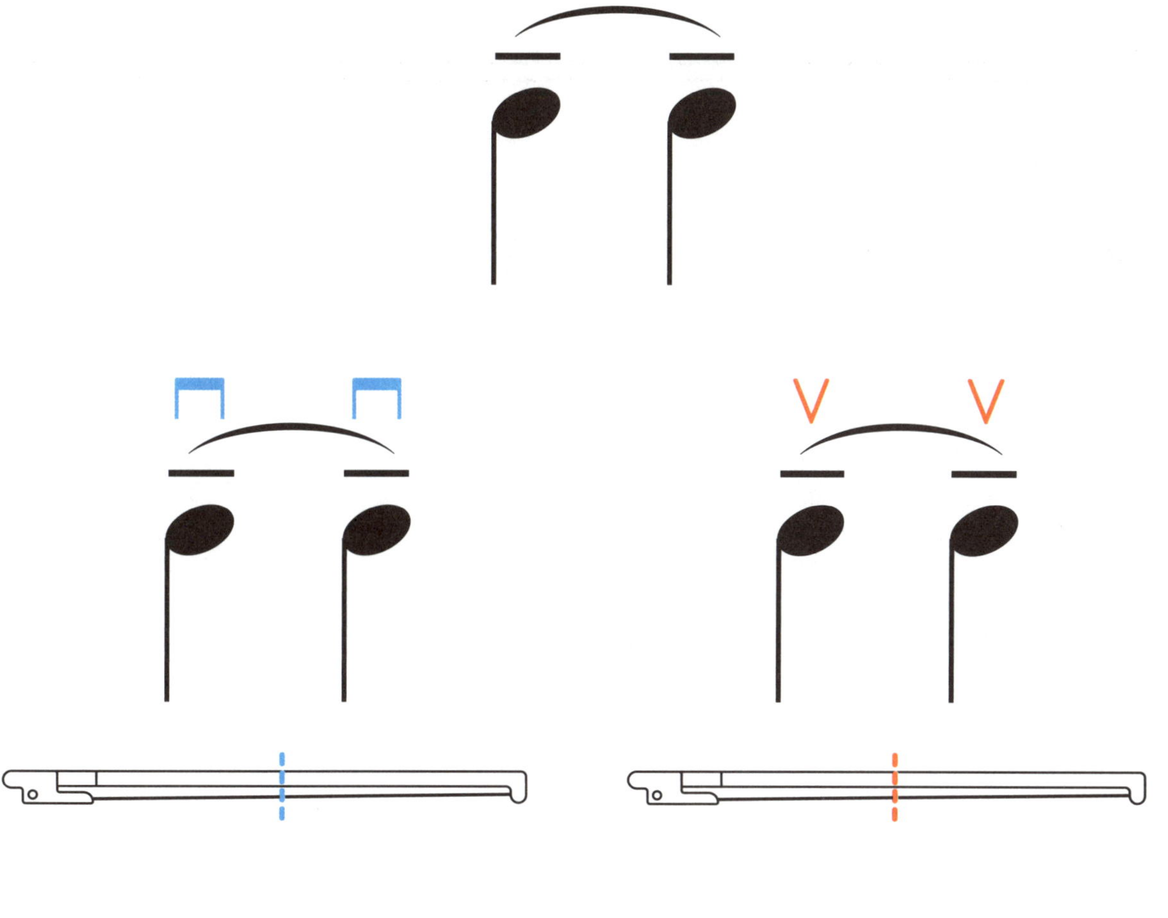

 슬러에 테누토가 붙은 음을 연주할 때 내림 활, 올림 활을 따라 그려보세요.

음표와 쉼표

16분음표 그리기

음표 그리는 순서

16분음표는
8분음표에 꼬리가 하나 더 달려 있어요.

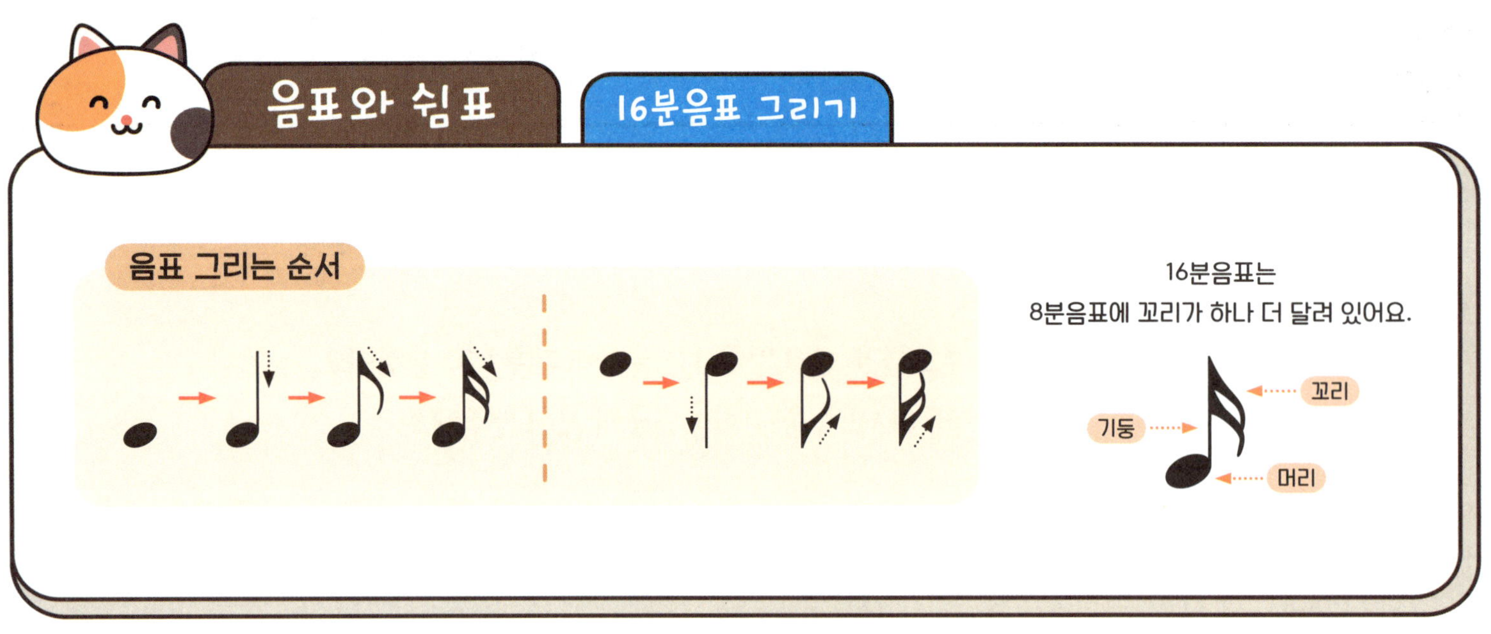

16분음표를 직접 따라 그려보세요.

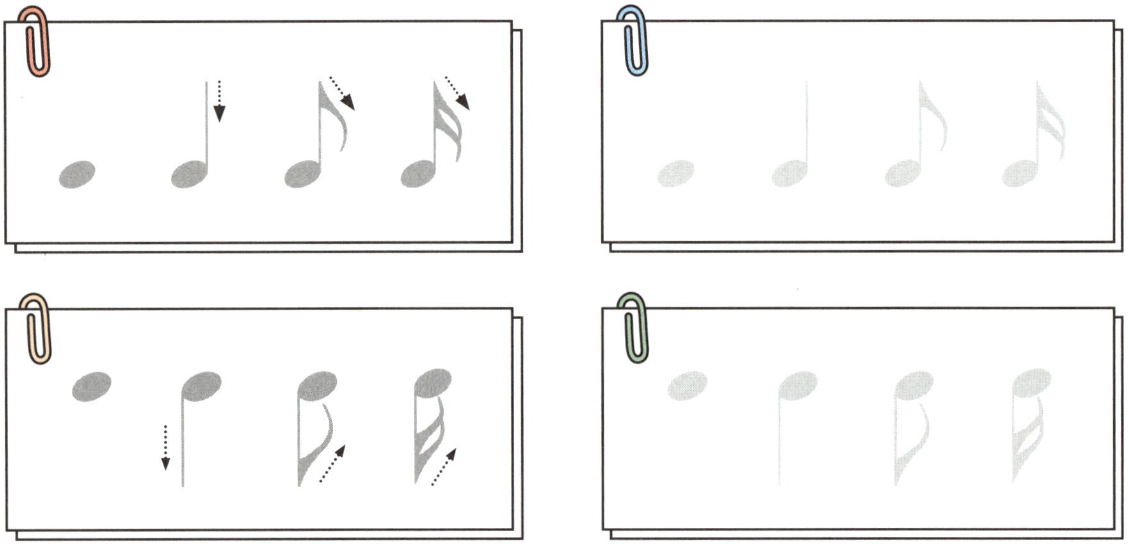

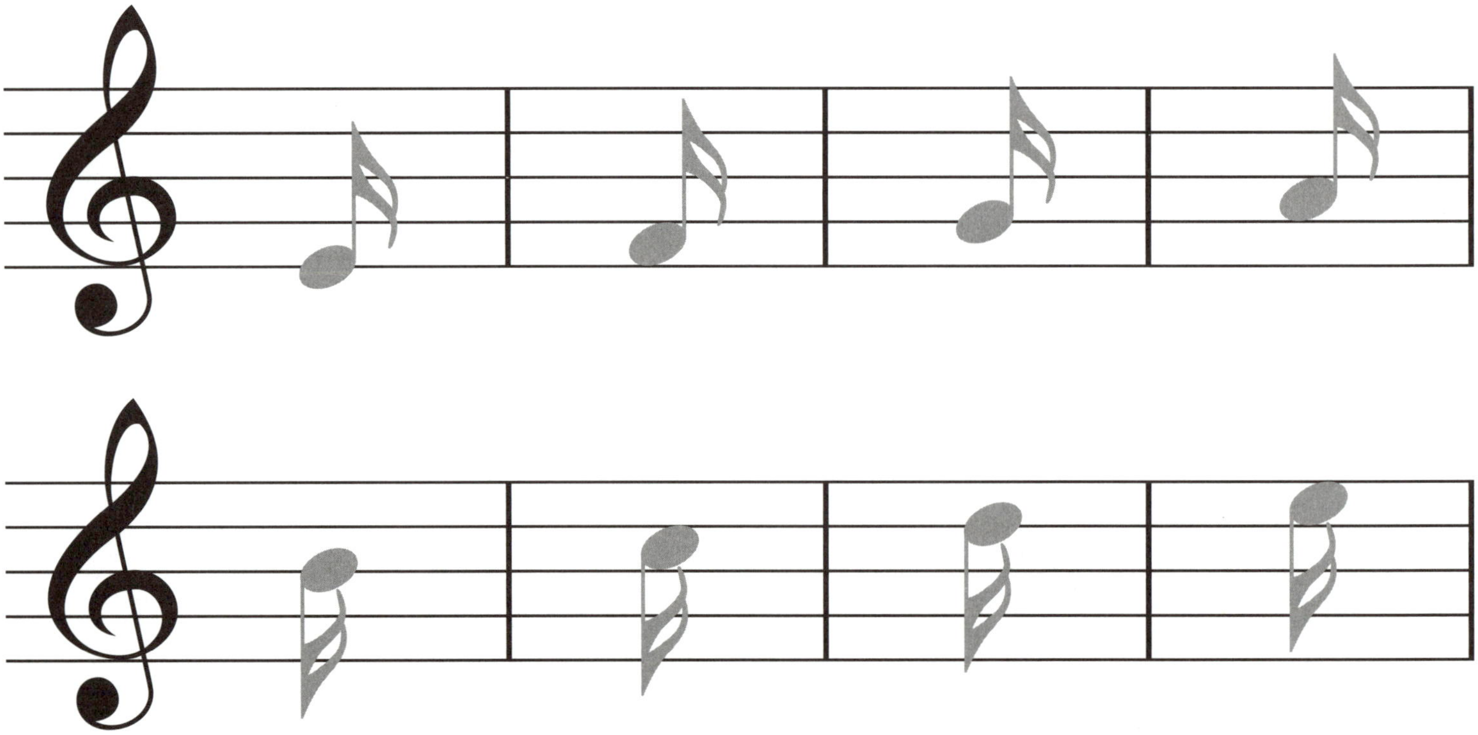

쉼표 그리는 순서

16분쉼표를 직접 따라 그려보세요.

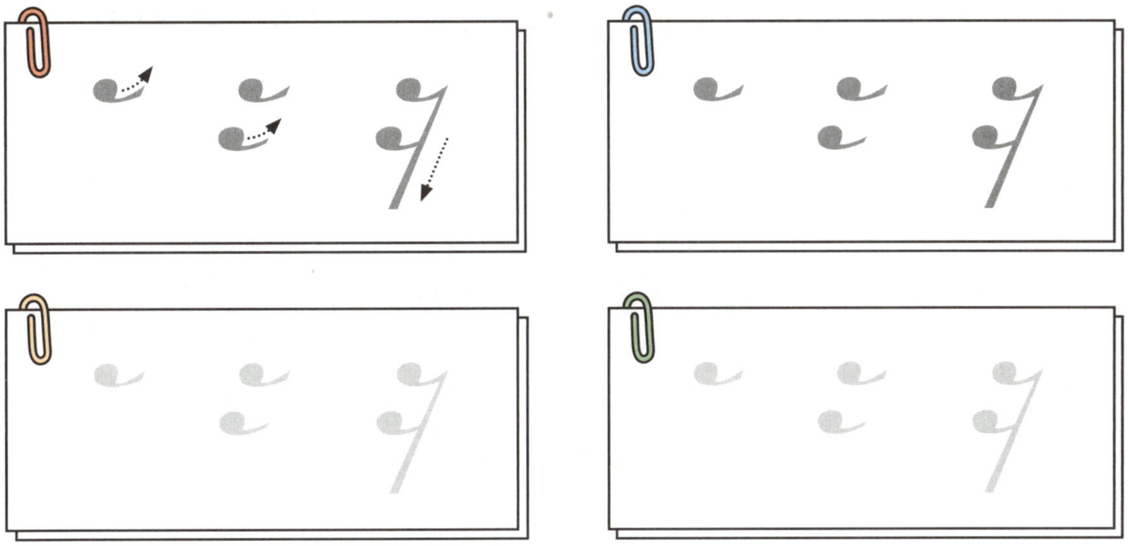

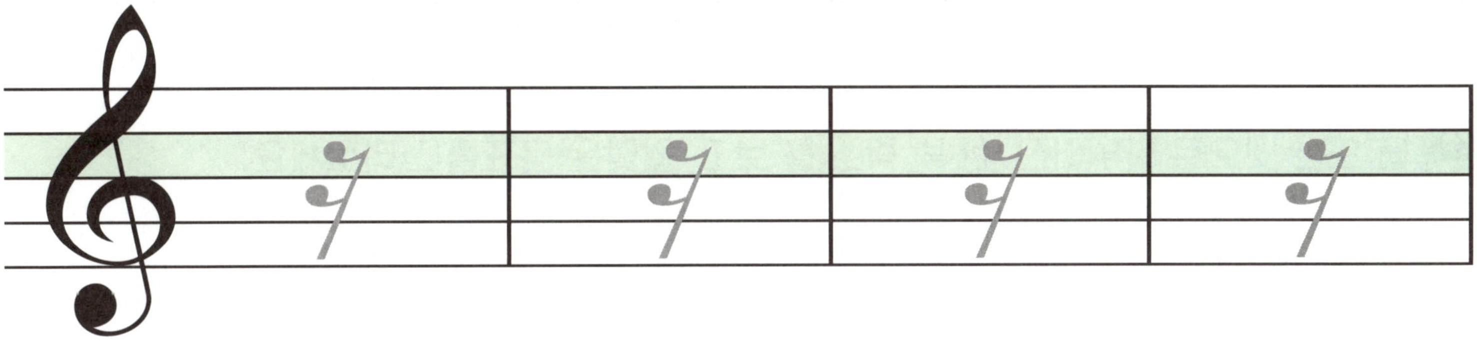

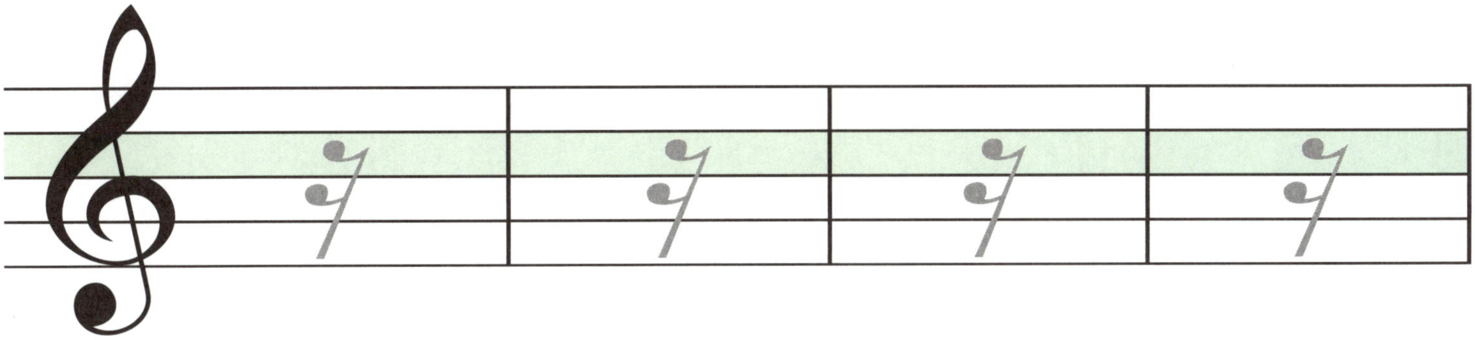

사과 하나를 네 개로 포개 네 명이 나누는 것처럼,
한 박의 길이를 넷으로 나누면 반의 반 박의 길이 동안 소리낼 수 있어요.

한 박

반의 반 박

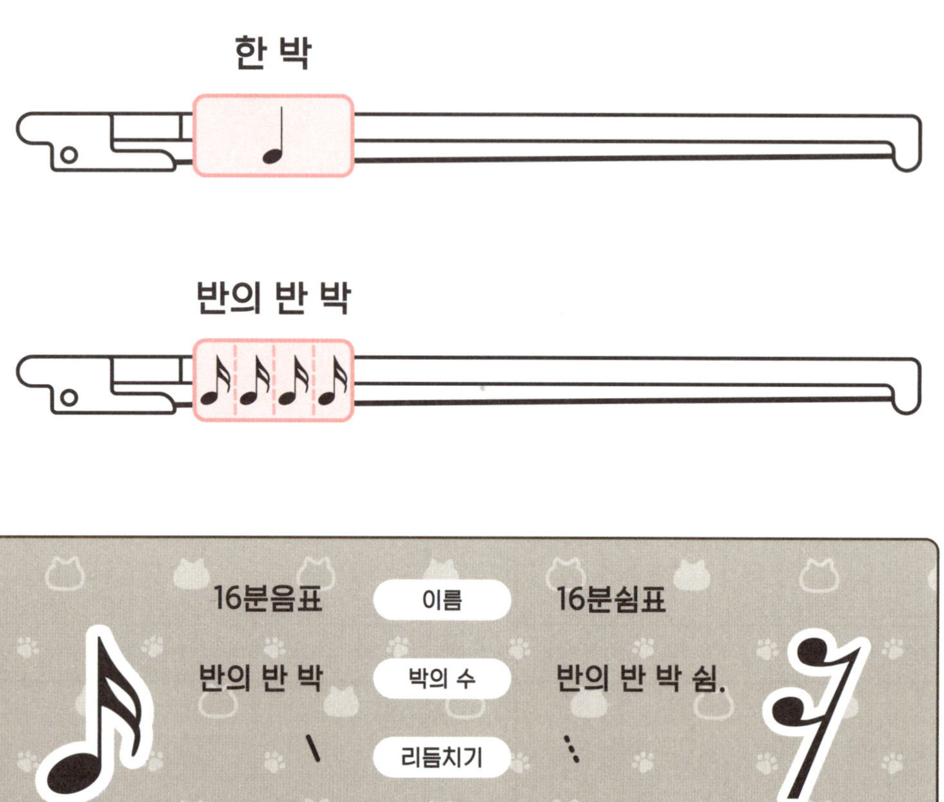

둘 또는 넷으로 나누어진 한 박 박스 를 보고, 알맞은 음표를 그려보세요.

빈칸에 알맞은 숫자를 써보세요.

반 박
16분음표 2 개의 길이는 8분음표와 같아요.
1박
16분음표 개의 길이는 4분음표와 같아요.
2박
16분음표 개의 길이는 2분음표와 같아요.

난이도 최상

꼬리를 묶은 음표의 박에 맞게 ✕ 표시해보고, 같은 길이의 음표를 그려보세요.

반 박
반 박
1박
1박
2박
2박
3박
3박
4박
4박

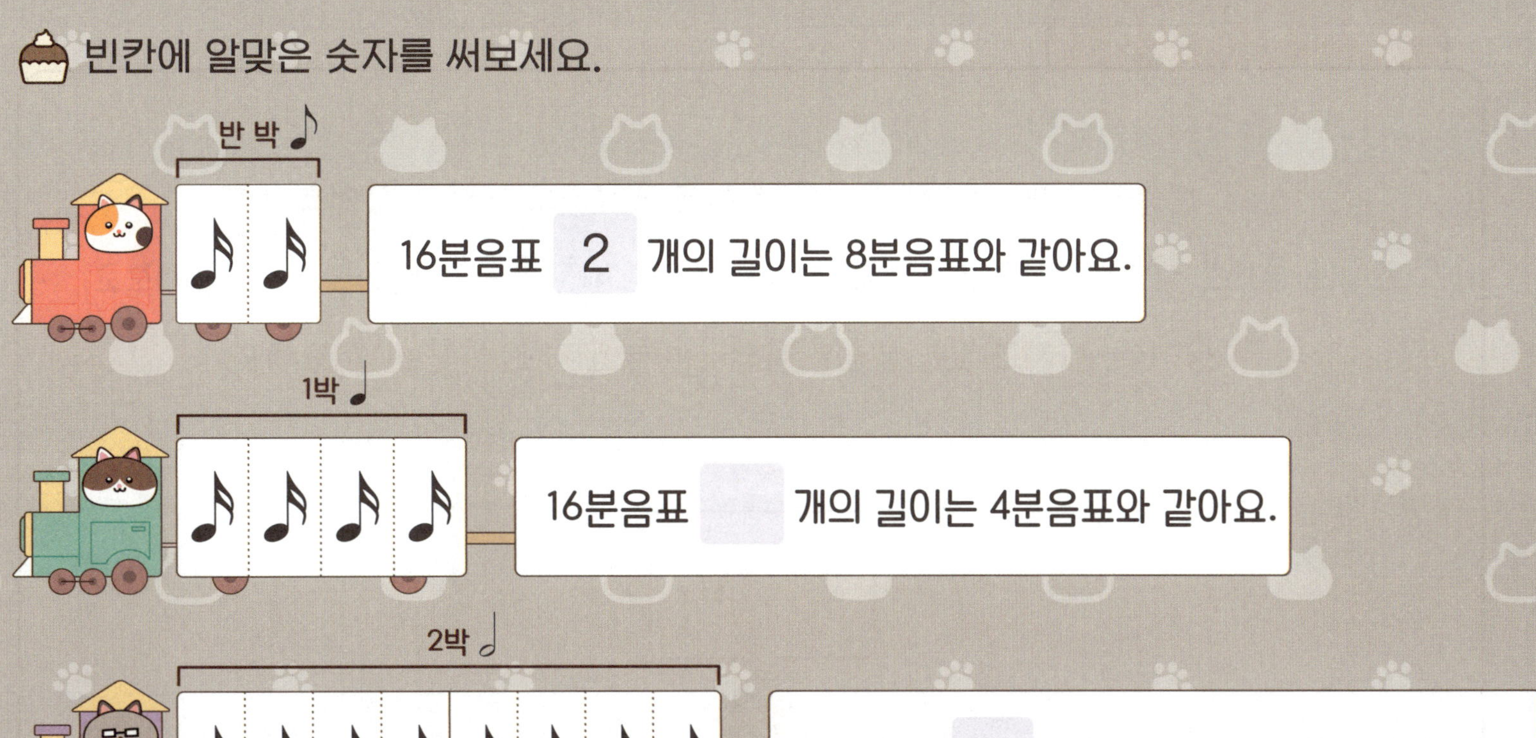

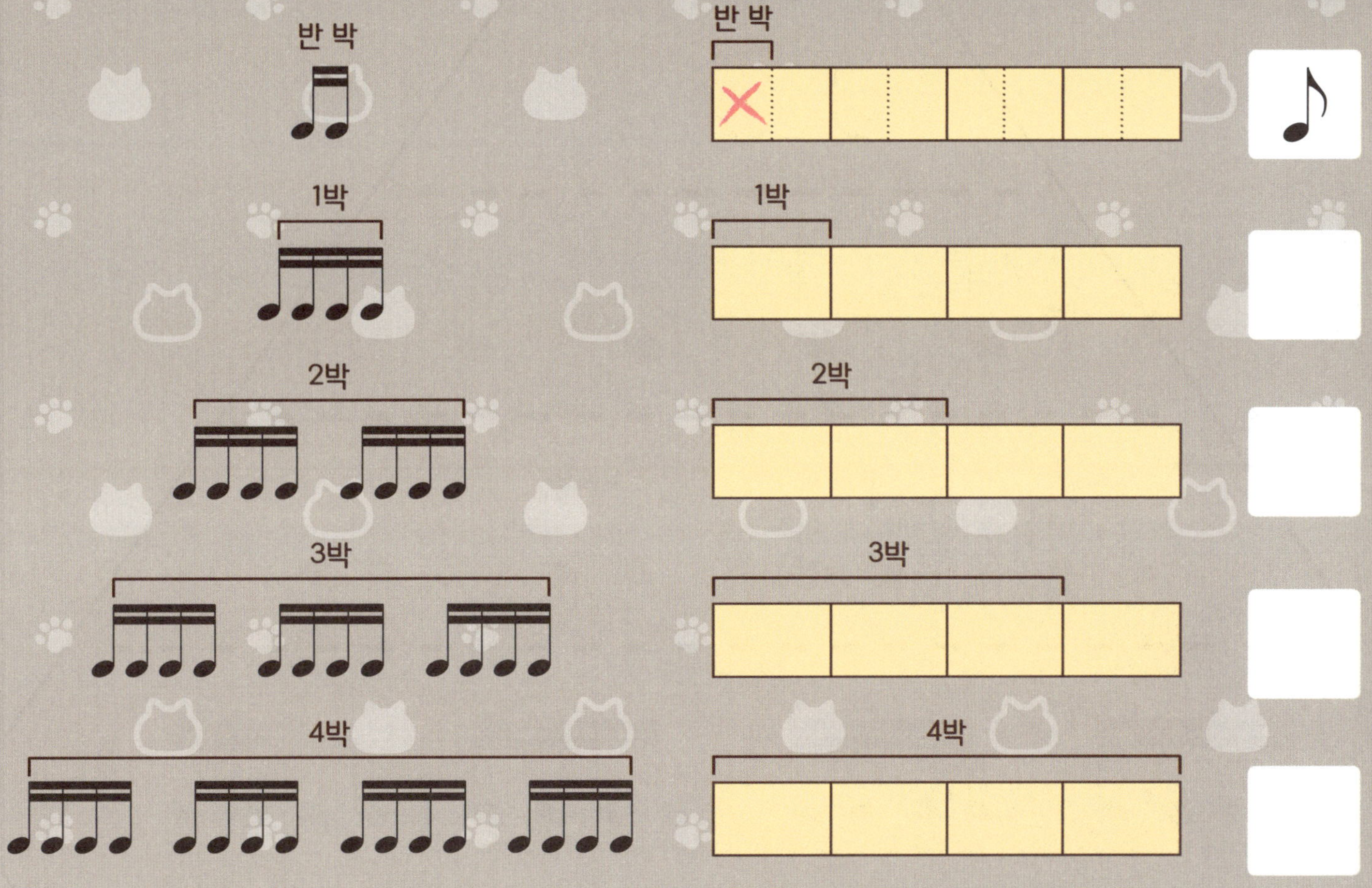

선율이가 여름 방학에 고모가 사는 프랑스로 여행을 갔어요.

프랑스 루브르 박물관 앞에 놓여진 유리 피라미드에 비친 음표와 쉼표를 따라 그려보고,

각 층마다 가지고 있는 공통된 박의 길이를 숫자로 빈칸에 써보세요.

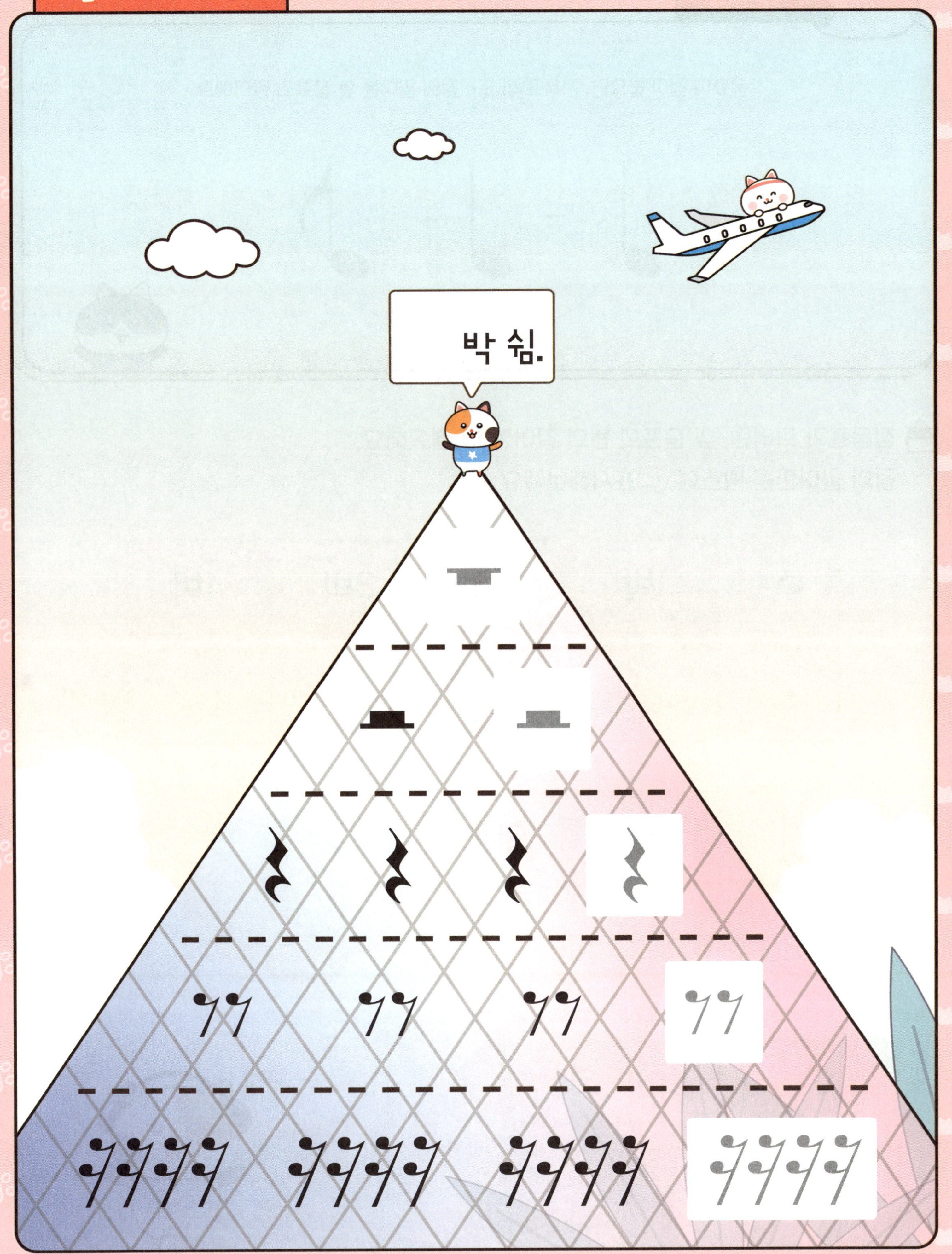

박 쉼.
쉼표 피라미드

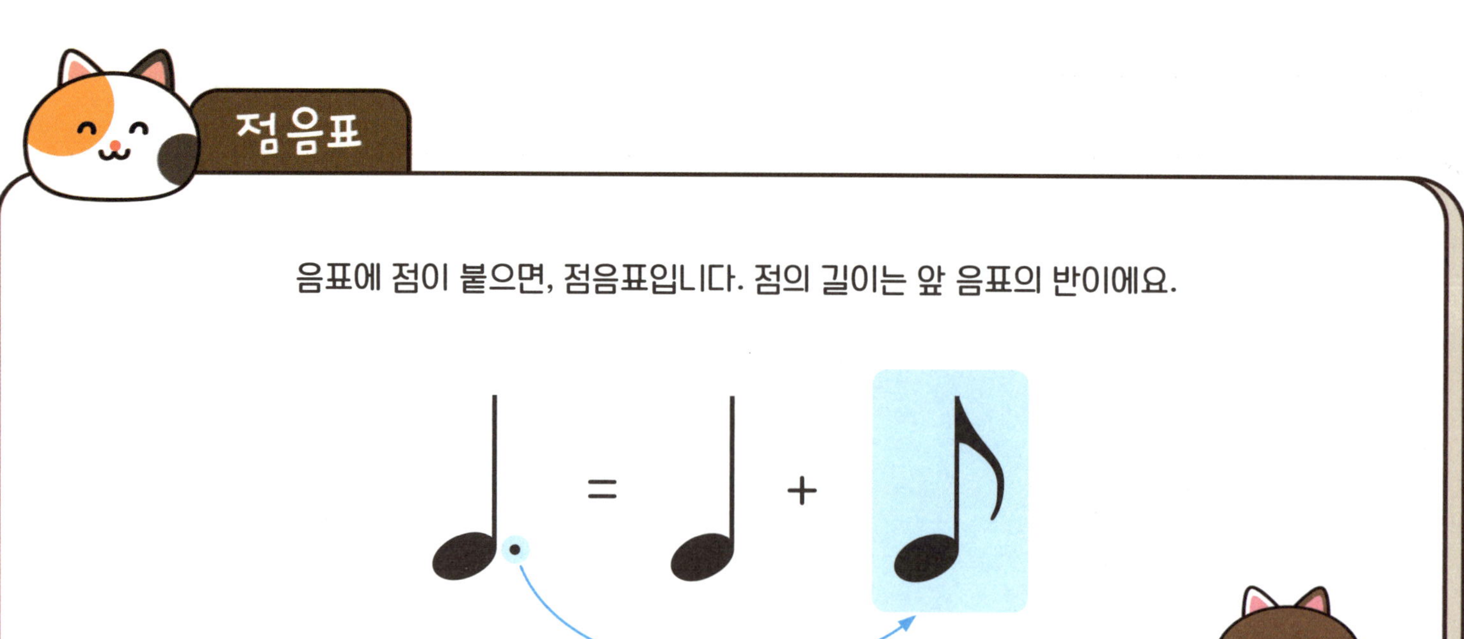

음표에 점이 붙으면, 점음표입니다. 점의 길이는 앞 음표의 반이에요.

점음표가 되려면, 앞 음표의 반의 길이가 더 필요해요.
점의 길이만큼 박스에 ◯표시해보세요.

o	1박	2박	3박	4박
.				

♩	1박	2박
.		

♪	1박
.	

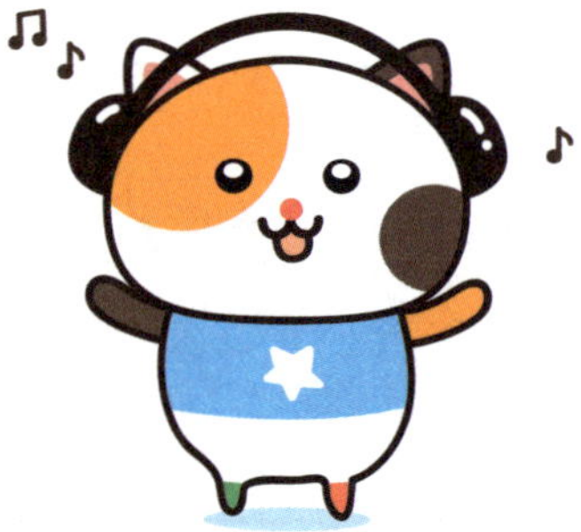

🧁 주어진 문장을 읽고, 음표의 길이만큼 박스에 ⭕표시해보세요.

한 박

♩ 는 한 박의 길이만큼 소리냅니다.

반 박

♪ 는 반 박의 길이만큼 소리냅니다.

♩. 는 한 박 반의 길이만큼 소리냅니다.

🧁 주어진 음표와 점의 길이만큼 박스에 ⭕표시해보고, 완성되는 음표를 따라 그려보세요.

점온음표, 6박

+

점2분음표, 3박

+

점4분음표, 한 박 반

+

박자표 읽기

박자표는 아래에서 위로 읽어요.

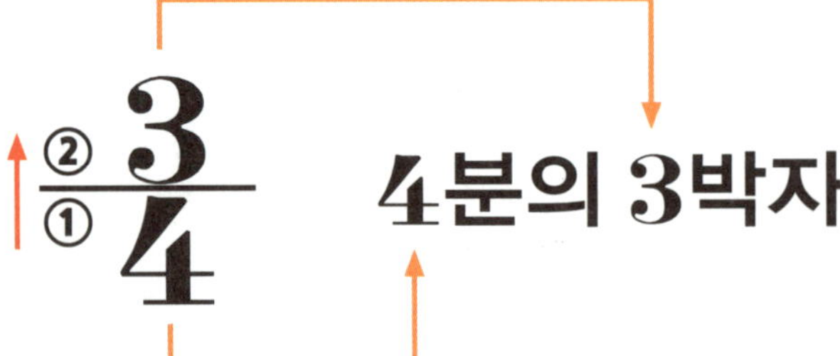

$\frac{3}{4}$ 는 한 마디가 3박자로 이루어져 있어요.

🧁 오선에 박자표를 따라 그리고, 박자표 이름을 써보세요.

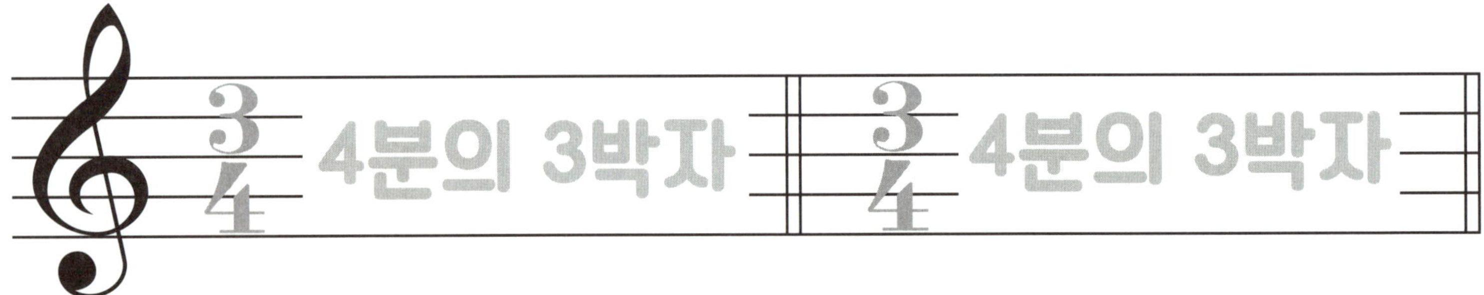

🧁 박자표를 따라 그리고, 박의 수를 써보세요.

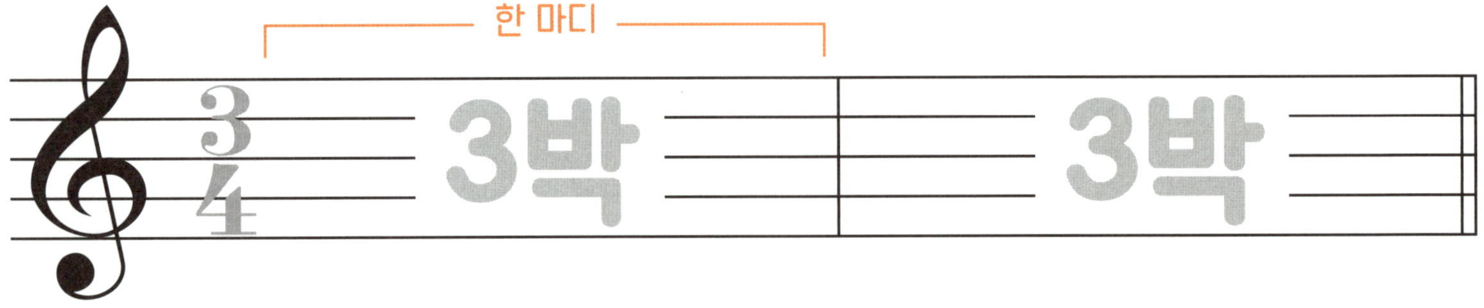

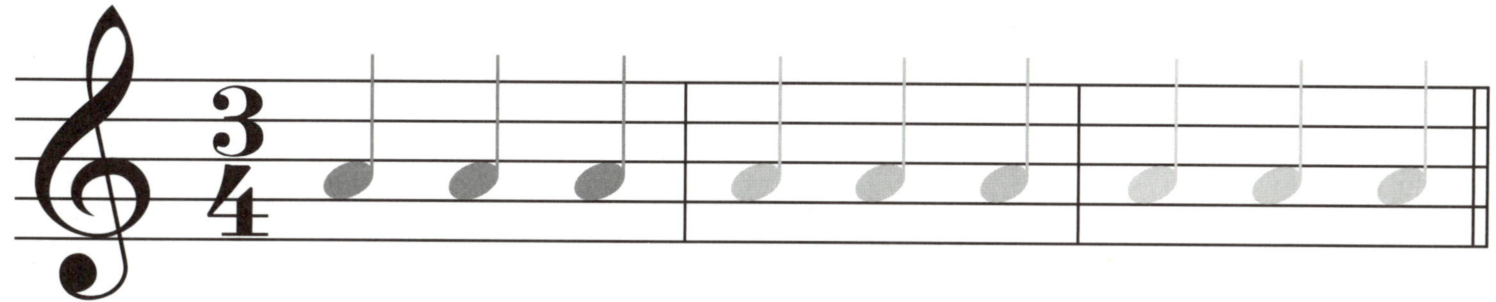

4분의 3박자가 되도록 4분음표를 한 마디에 3개씩 그려보세요.

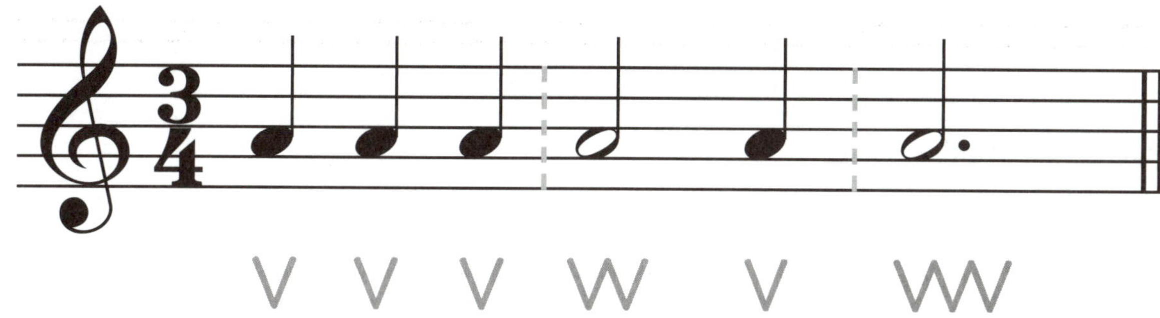

박자표에 맞게 세로줄과 리듬치기를 따라 그려보세요.

박자표와 리듬치기를 보고, 빈칸에 들어갈 알맞은 음표를 줄로 연결해보세요.

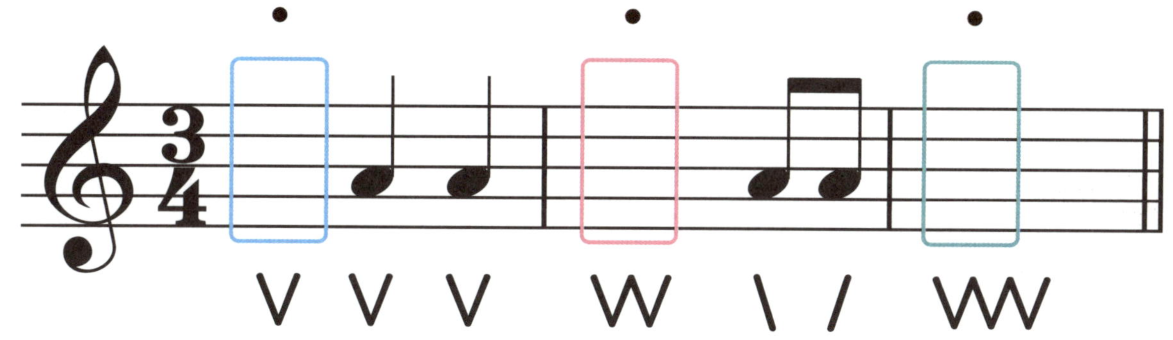

도돌이표

처음에는 [1.　　　]의 마디까지 연주하고, 도돌이표에서 처음으로 돌아가
다시 연주할 때는 [1.　　　]를 건너뛰고 [2.　　　]마디를 연주합니다.

1.

2.

1   2   3   4   5   6

연주 순서 : 1-2-3-4-1-2-5-6   총 8마디를 연주합니다.

연주 순서를 써보세요.

1.

2.

1   2   3   4   5

연주 순서   1 →   →   → 1 →   →

1.

2.

1   2   3   4   5   6

연주 순서   1 →   →   → 1 →   →   →

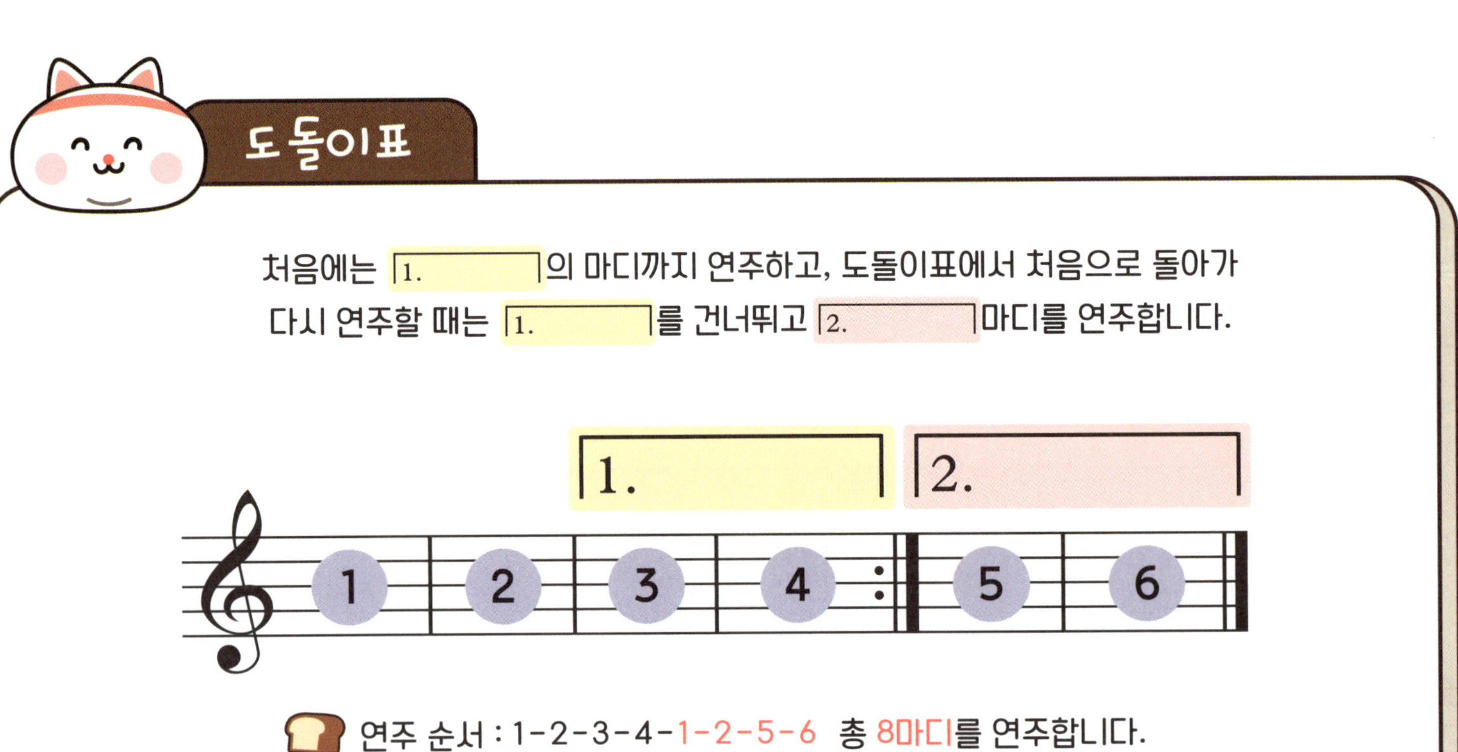

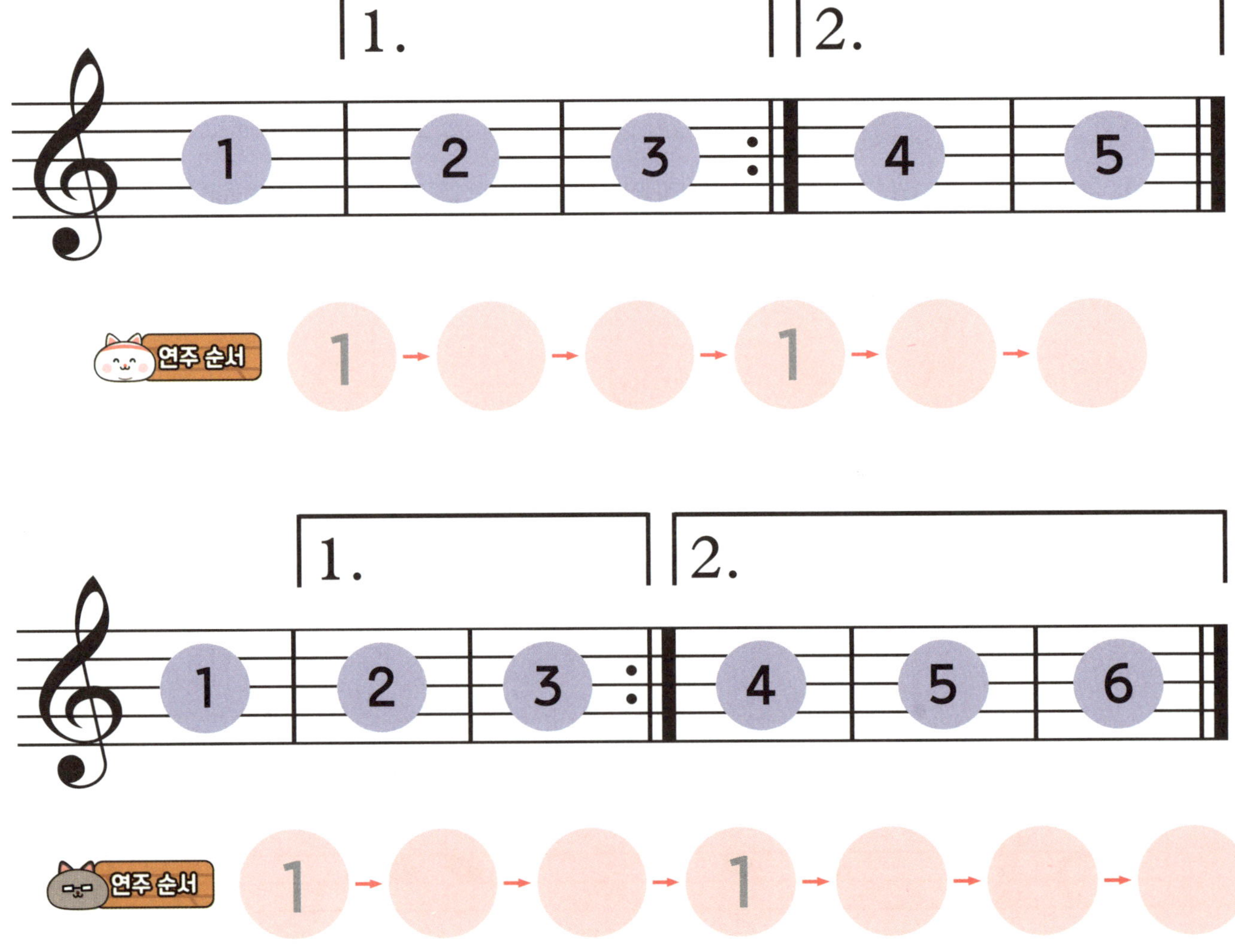

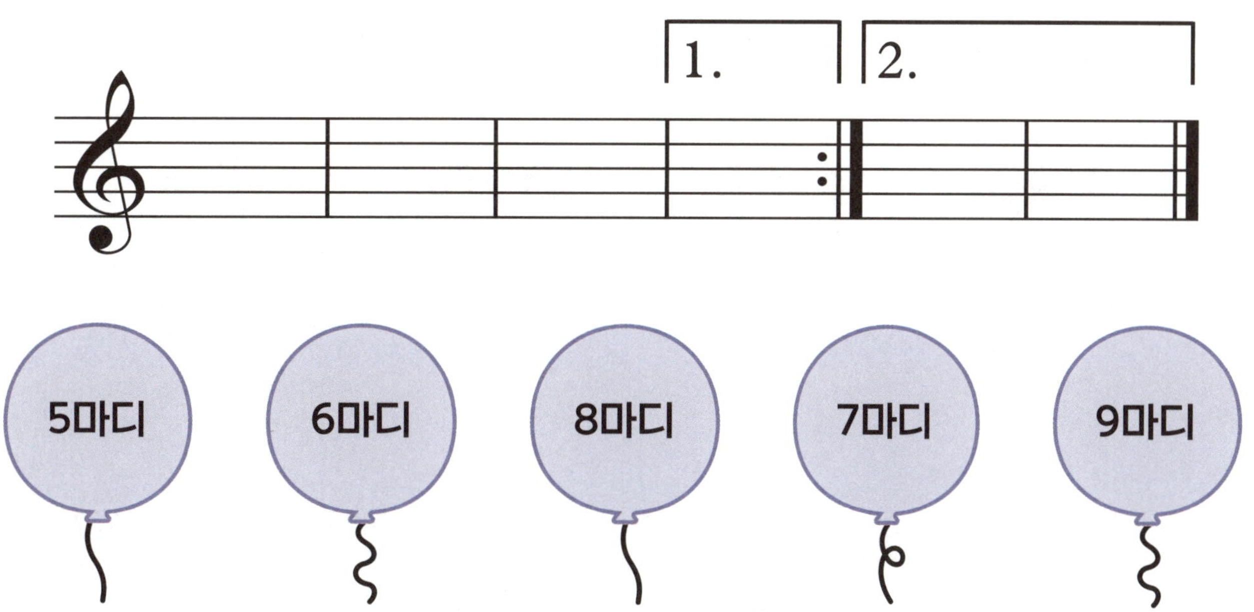

🧁 도돌이표 기호를 보고, 연주 순서에 맞게 계이름을 말하고 있는 고양이를 찾아 ⭕표시 해보세요.

🧁 서로 같은 박의 길이를 가진 음표와 쉼표 짝꿍을 연결해보세요.

🧁 주어진 점음표에 알맞은 음표 덧셈을 찾아 연결해보세요.

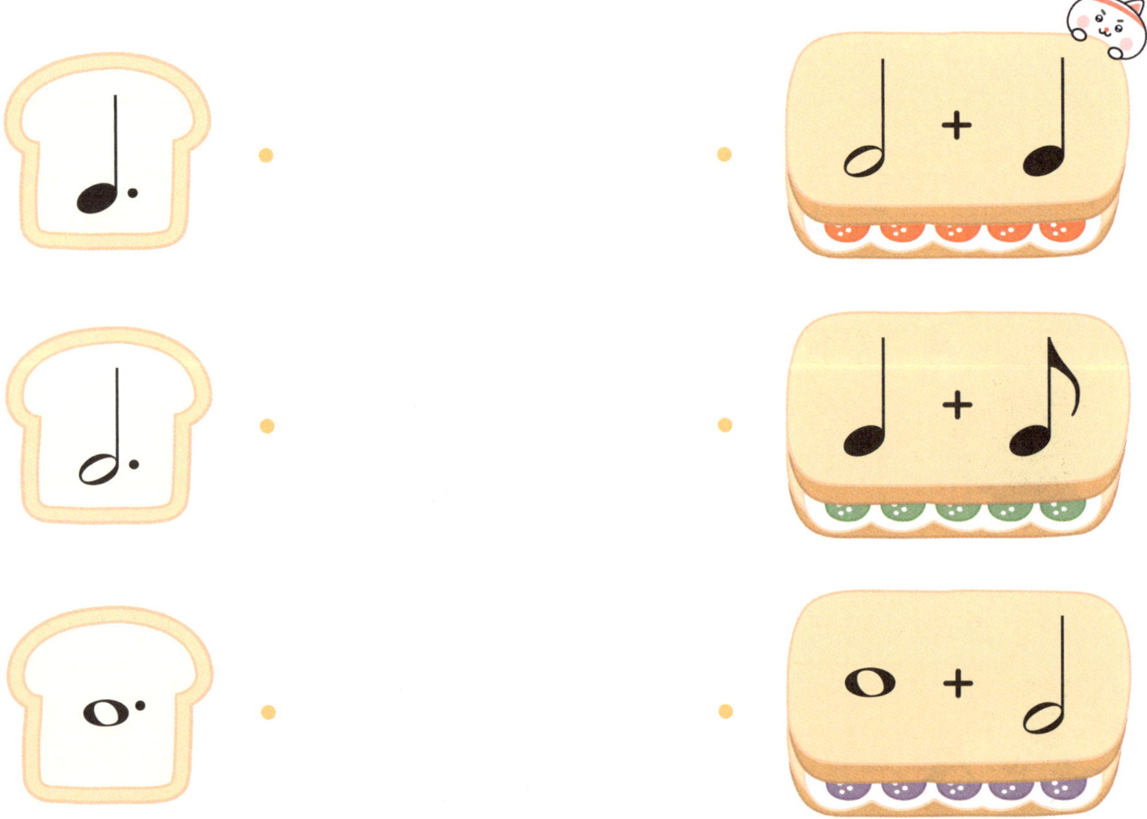

🧁 빈칸에 알맞은 박자표를 써보세요.

🧁 도돌이표의 순서대로 빈 오선 악보에 음표를 그려보세요.

조성 라장조

♯이 2개 붙은 조표는 라장조
파, 도에 ♯을 붙여요.

라장조 음계

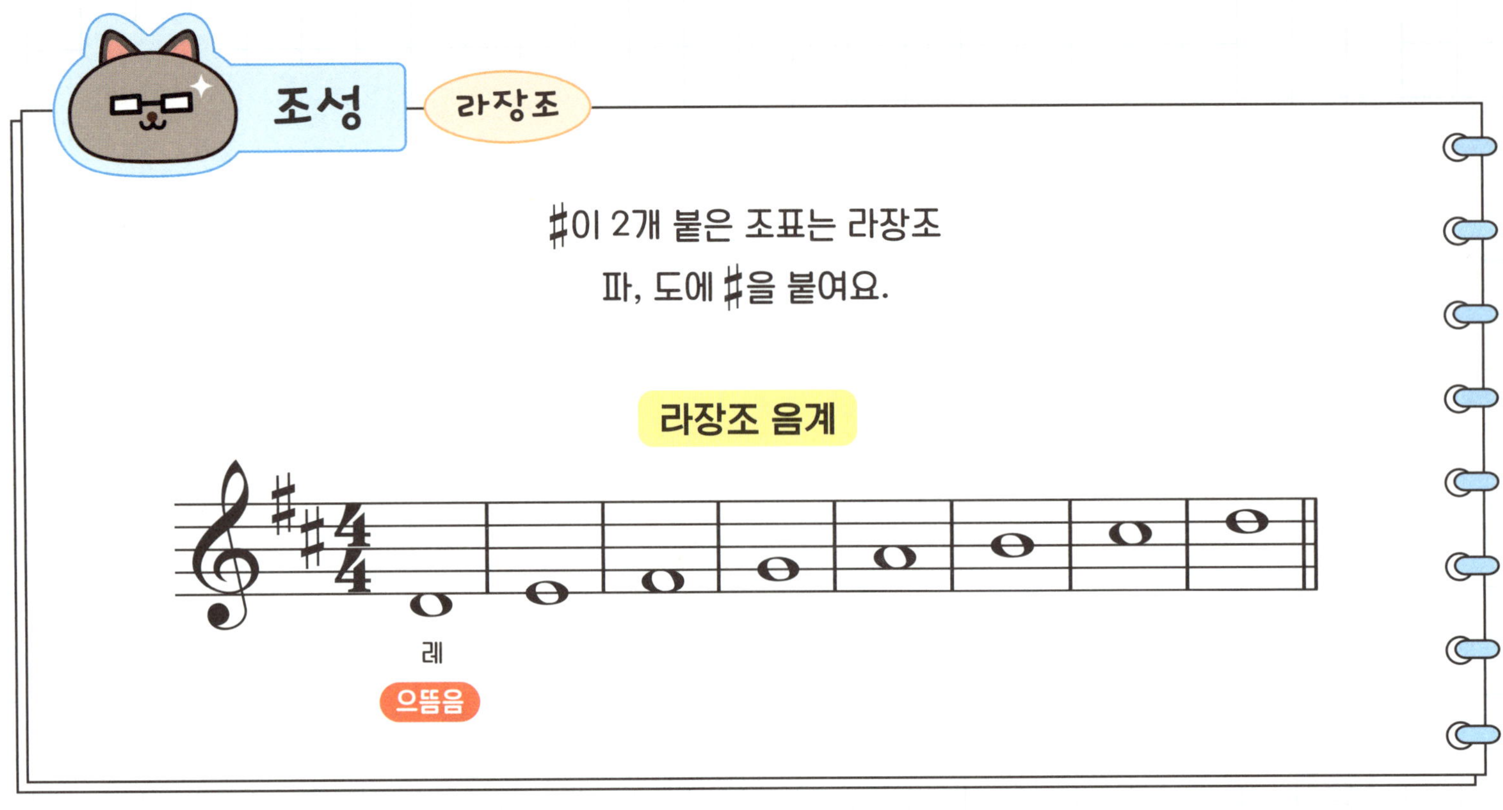

라장조 음계에 빠진 조표를 그려보세요.

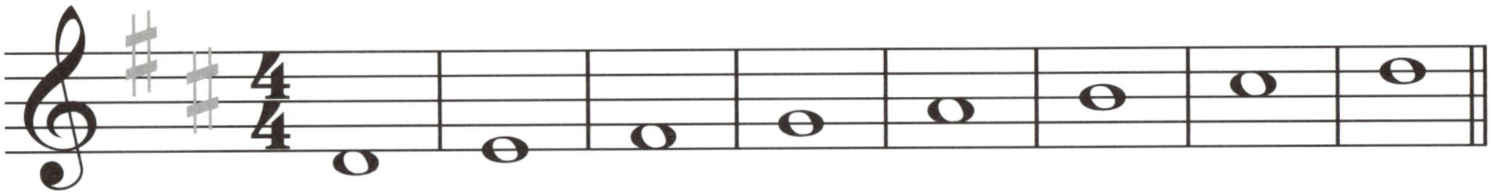

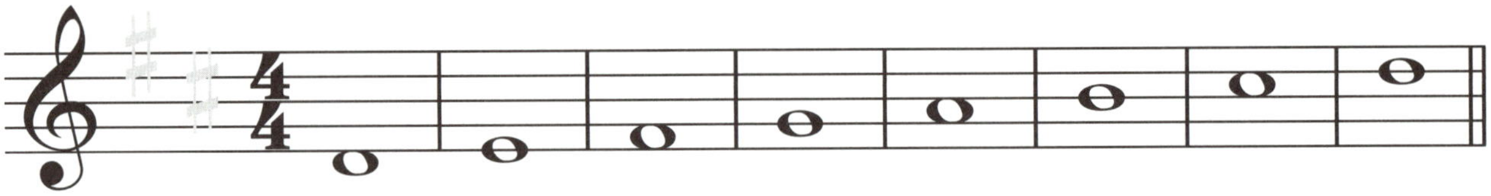

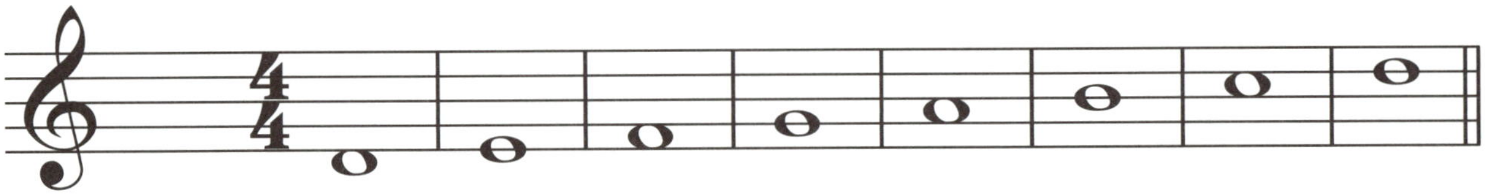

 라장조 음계에서 ♯을 붙여 연주하는 음을 빈칸에 직접 그려보세요.

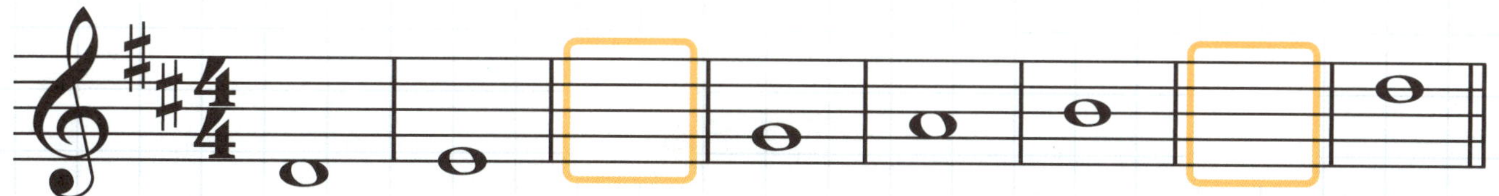

보기   파♯, 도♯

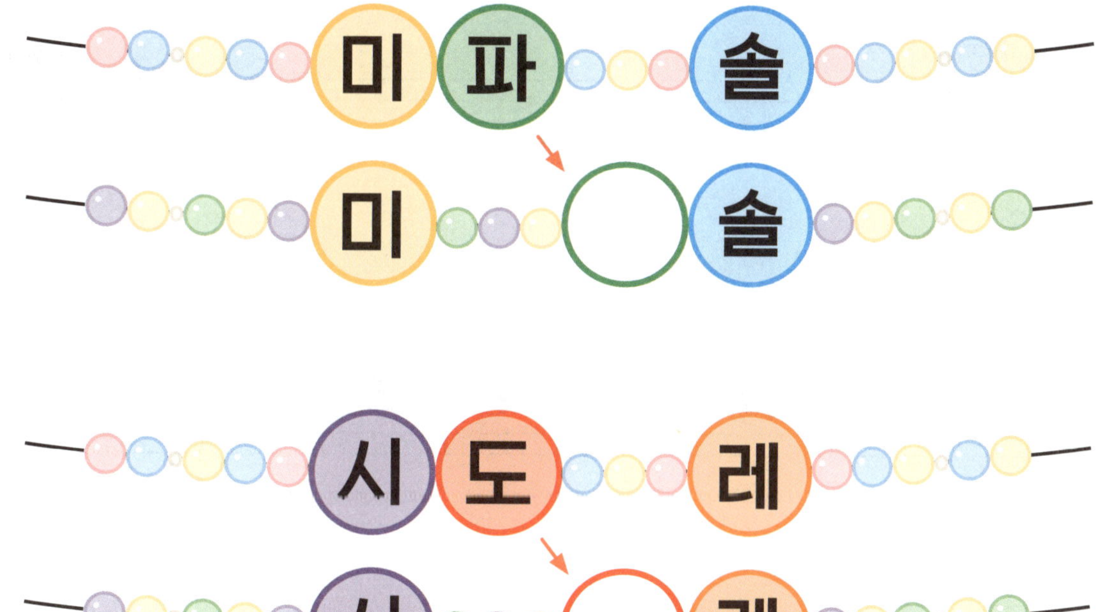

조성 가장조

♯이 3개 붙은 조표는 가장조,
파, 도, 솔에 ♯을 붙여요.

가장조 음계

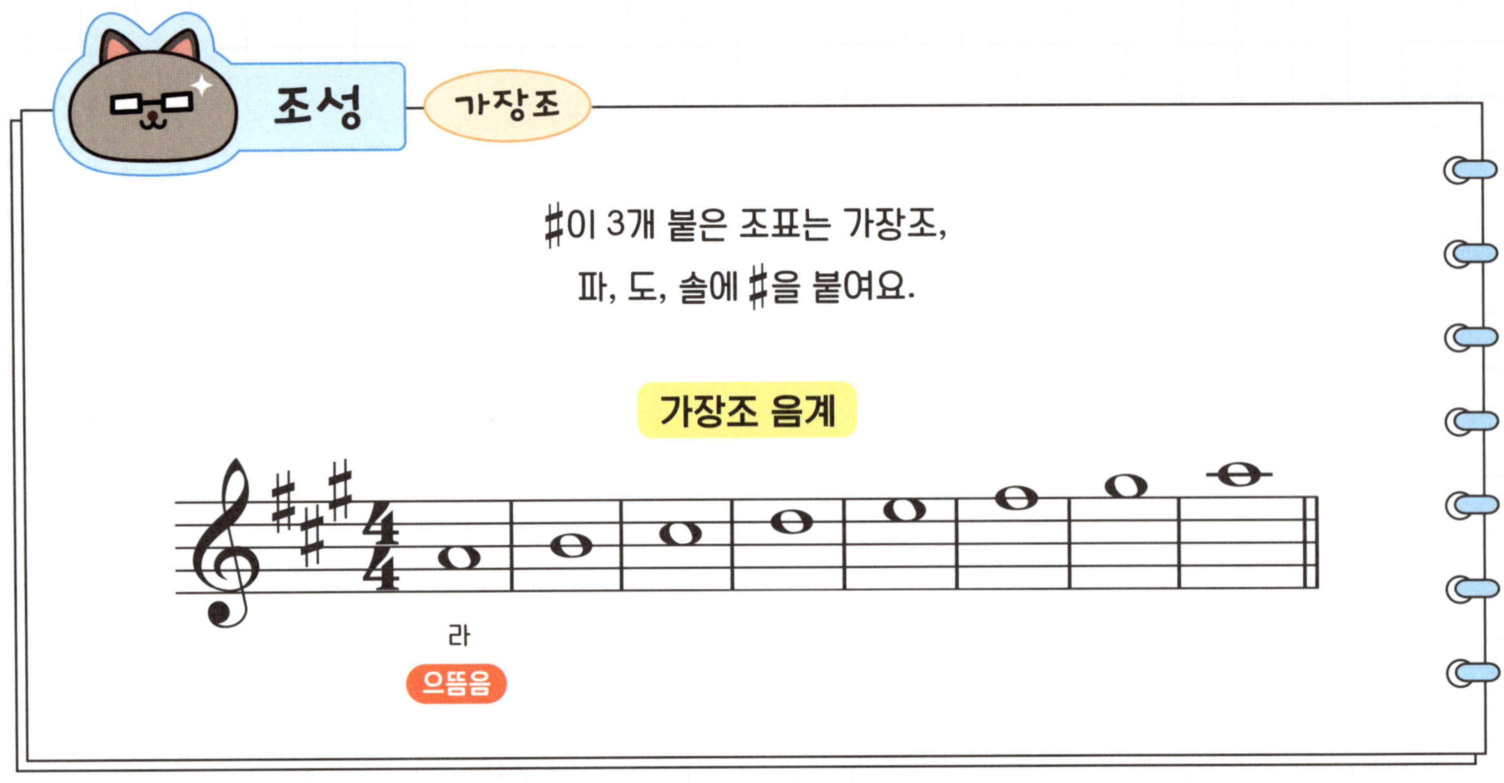

가장조 음계에 빠진 조표를 그려보세요.

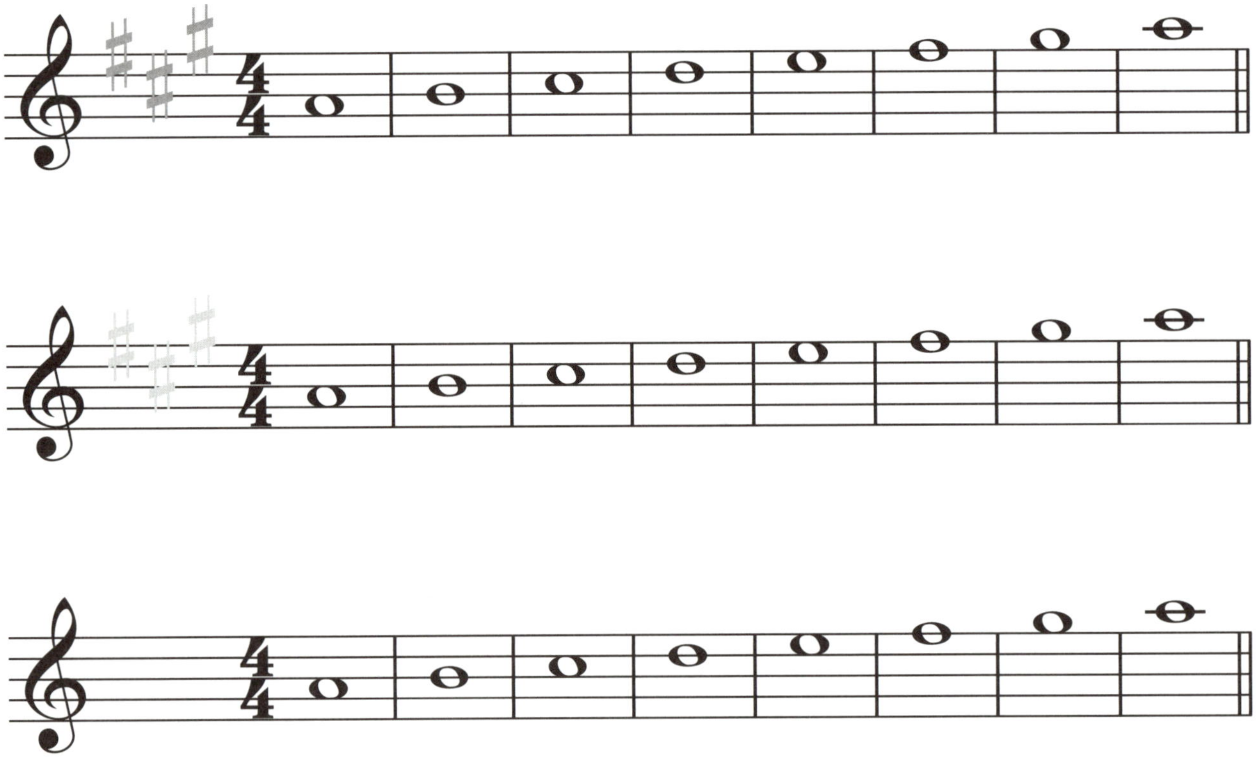

가장조 음계에서 ♯을 붙여 연주하는 음을 빈칸에 직접 그려보세요.

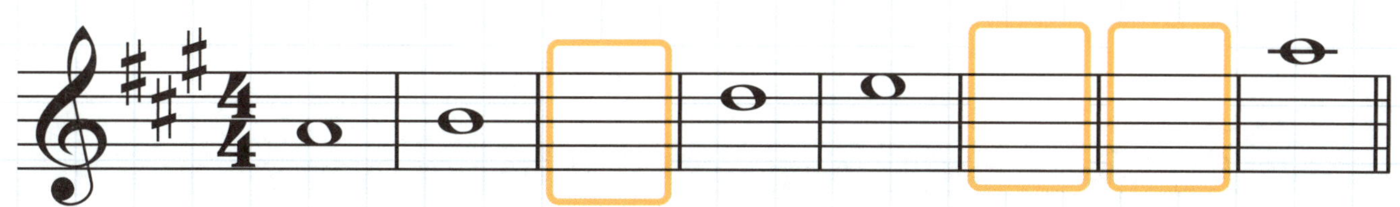

빈 계이름 구슬에 들어갈 말을 보기 에서 골라 써보세요.

보기   파♯, 도♯, 솔♯

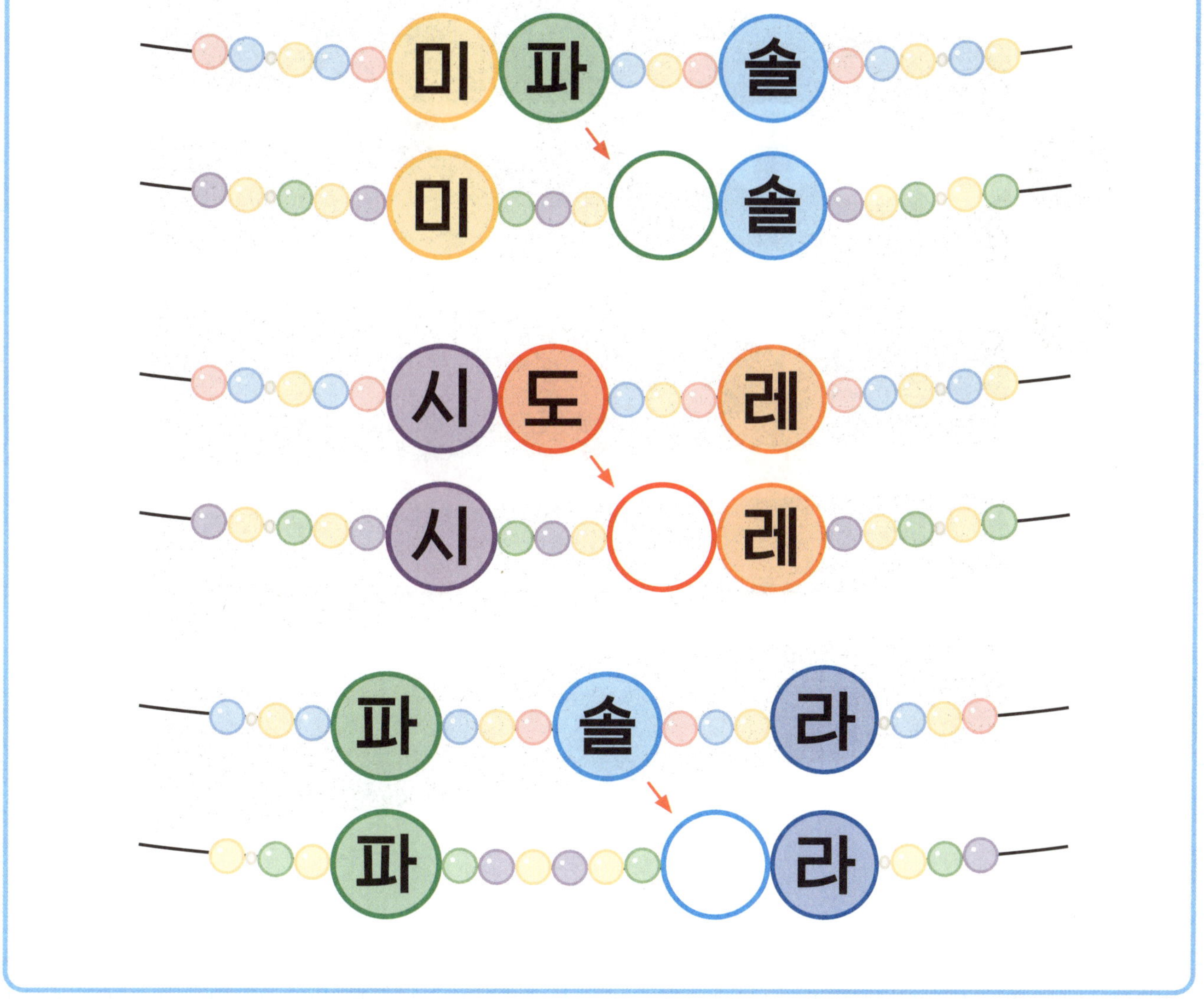

미 파 솔
미 ○ 솔

시 도 레
시 ○ 레

파 솔 라
파 ○ 라

선율이가 가장조 음계를 연습하고 있어요.

가장조 음계에서 ♯으로 짚어야 하는 음을 모두 찾아 지판에 직접 ♯을 그려보세요.

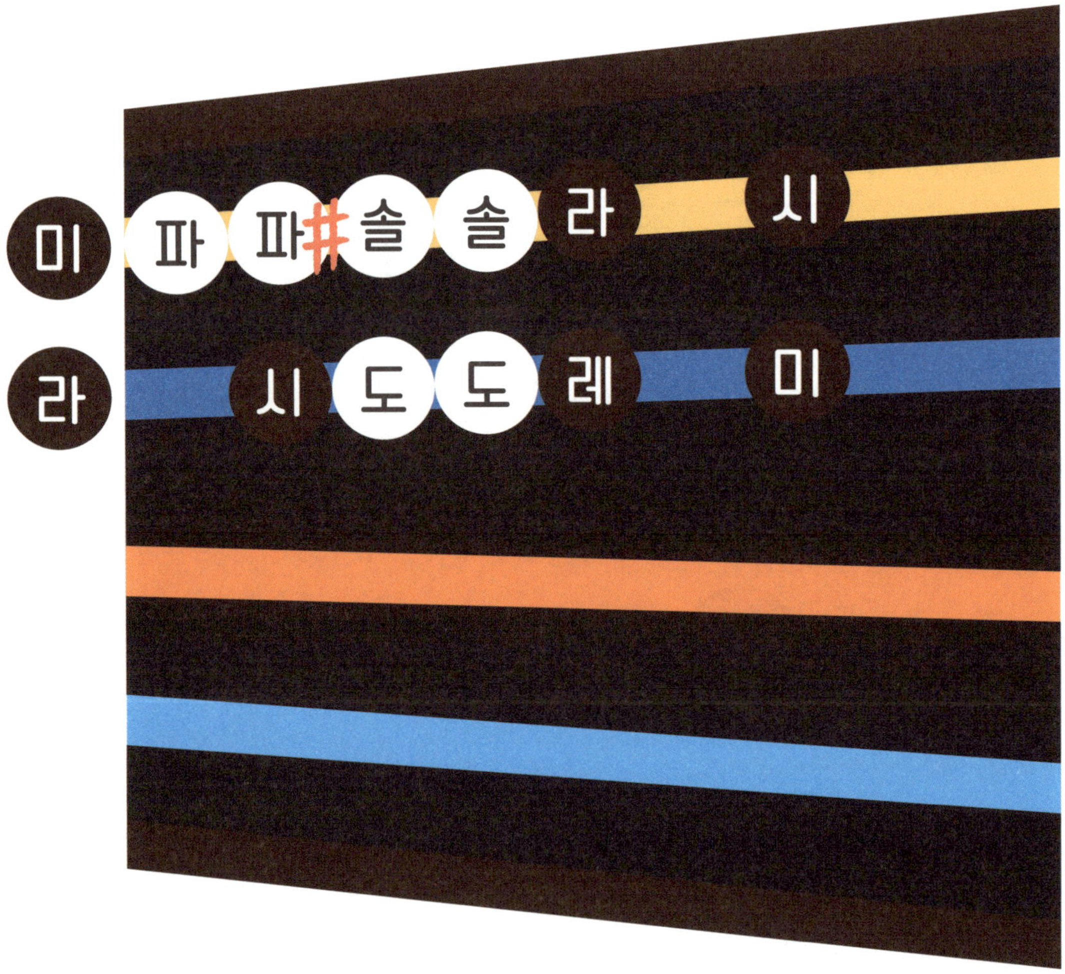

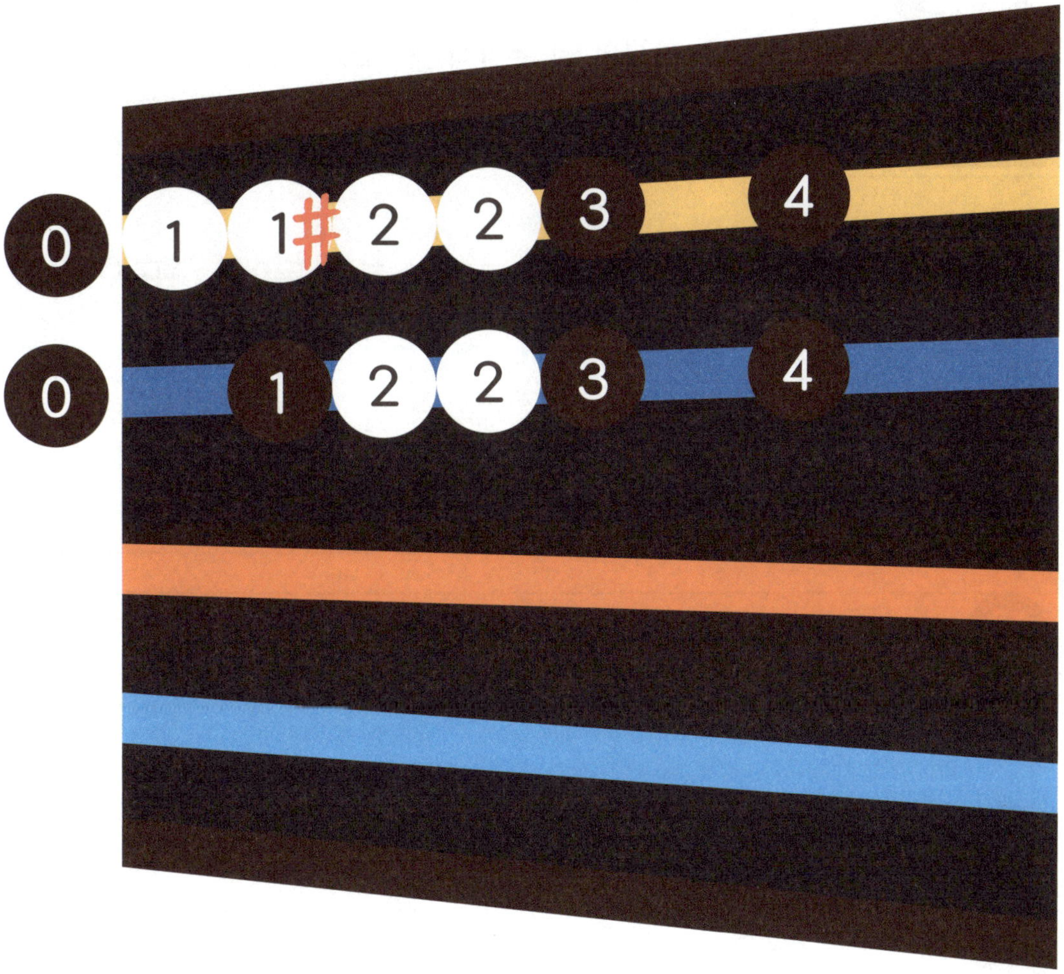

0 1 1♯ 2 2 3 4
0 1 2 2 3 4

임시표가 있는 미 줄 시♭

시에 ♭이 붙었어요.
♭이 붙으면 반음 내려가기 때문에
지판 위 손가락 간격이 변했지요.

미 줄 악보를 따라 그려보고, 서로 손가락이 붙어야 하는 음에 ◯표시해보세요.

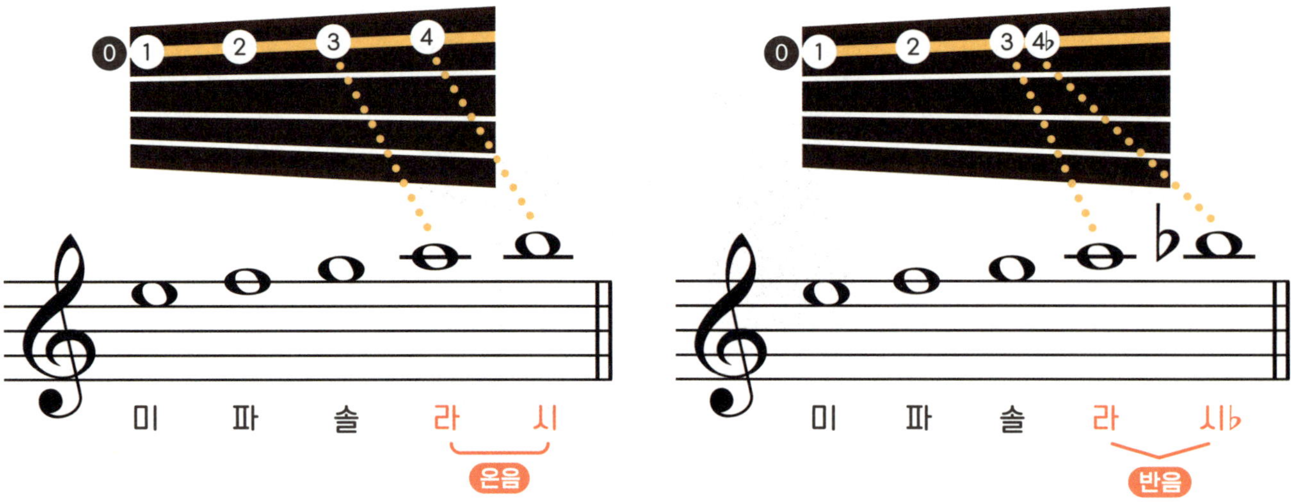

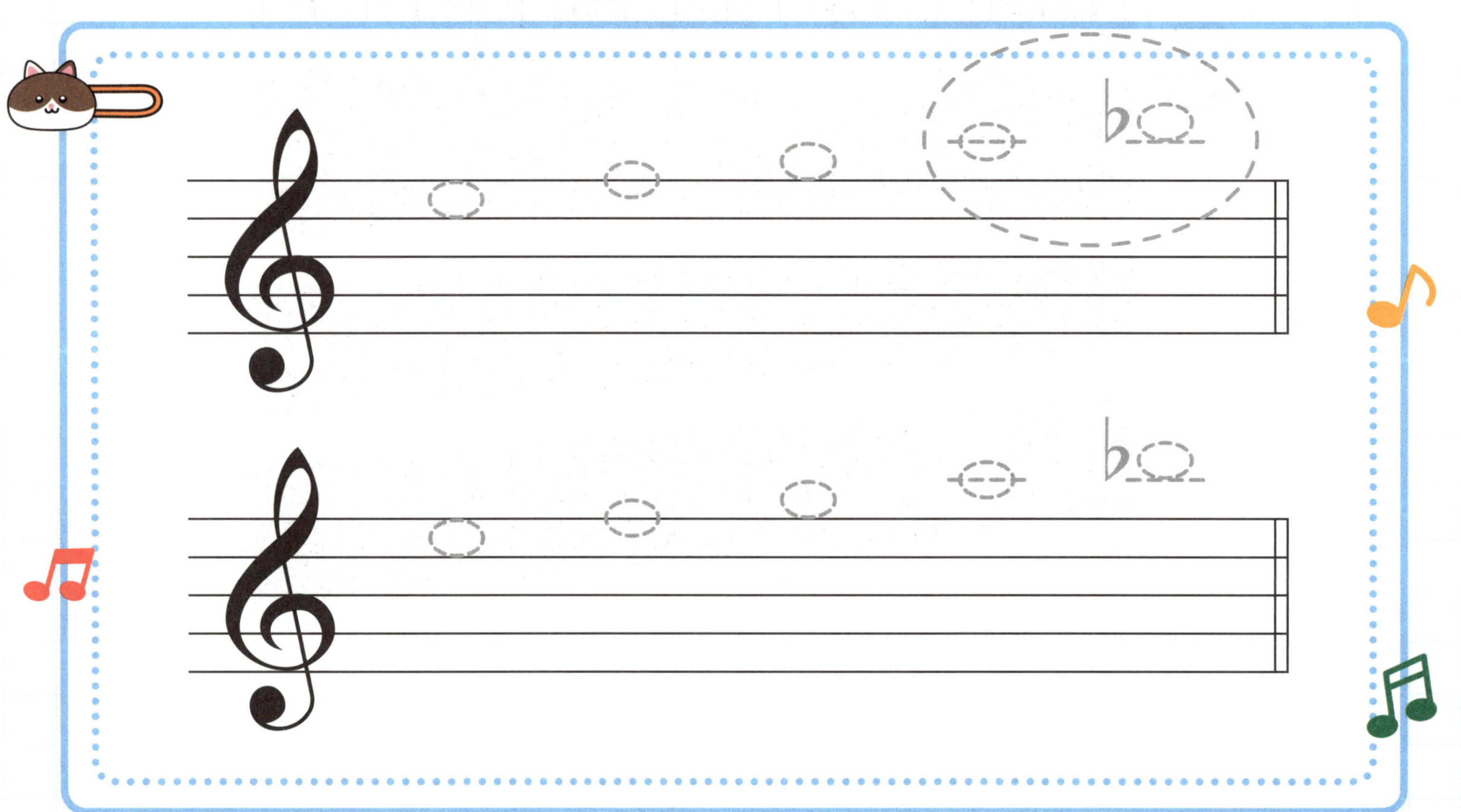

미 파
파 솔
솔 라
라 시♭

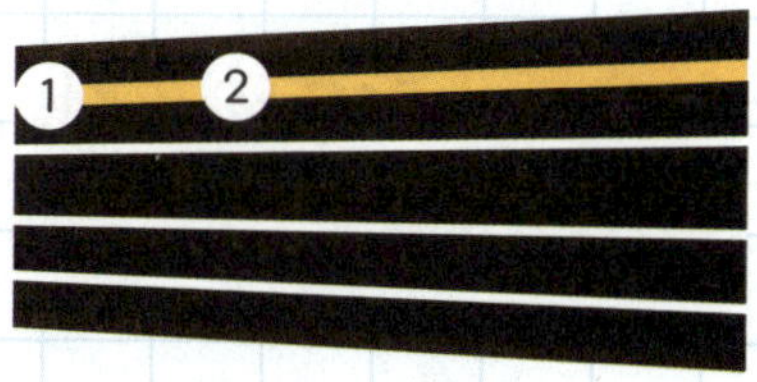

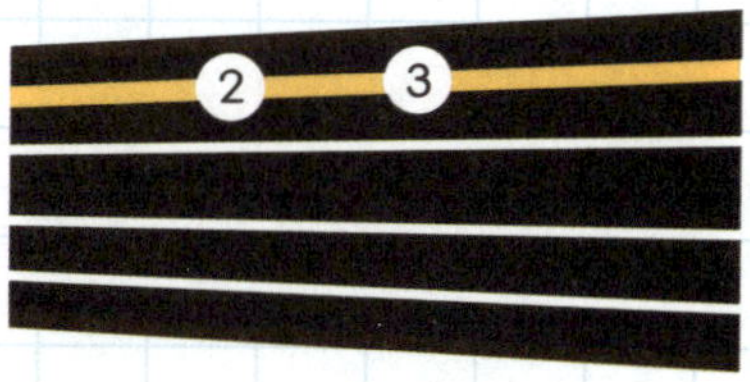

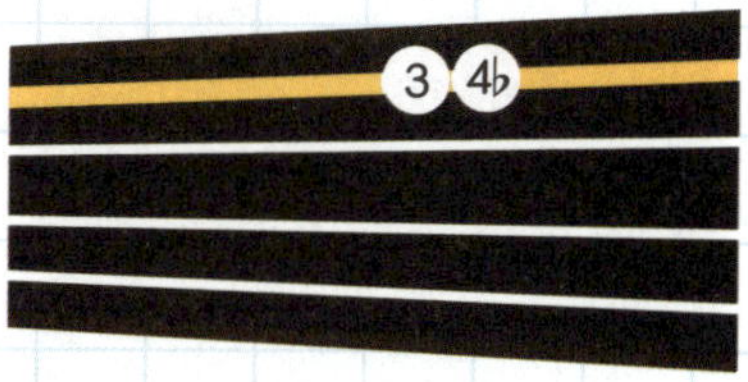

행복한 어린이날, 마법사 님이 요술 쿠키를 만들었어요.

요술 쿠키를 먹고 친구들이 풍선을 타고 놀고 싶어해요.

친구들이 원하는 쿠키를 찾아 ◯표시해보세요.

플랫 쿠키 ♭

이 쿠키를 먹으면 몸이 내려가요.

샤프 쿠키 ♯

이 쿠키를 먹으면 몸이 떠올라요.

이제 내려가야지!!
쿠키를 좀 골라 줘
나도 올라가고 싶다!!
어떤 쿠키를 먹어야 하지?

신나는
바이올린
계이름공부
4권 정답

5p

6p

7p

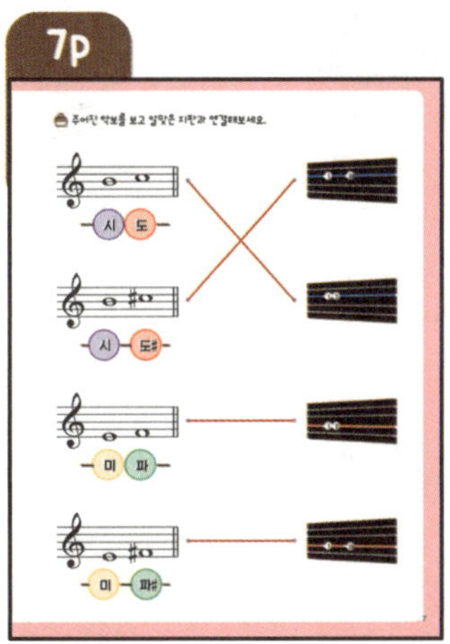

8p

9p

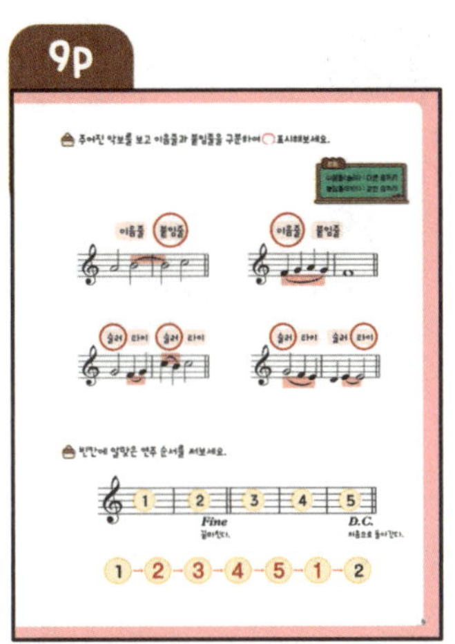

18p

19p

22p

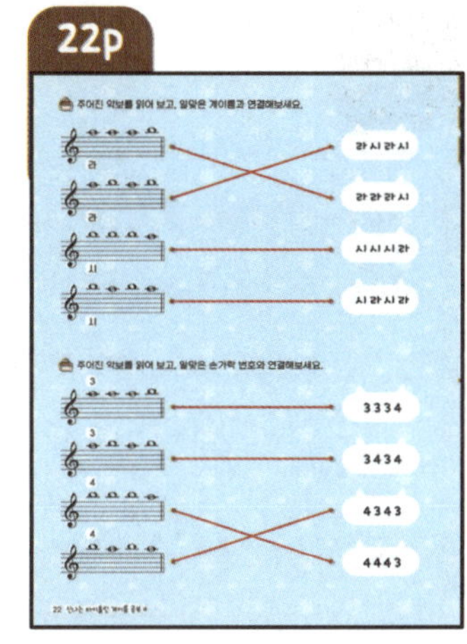

23p

25p

26p

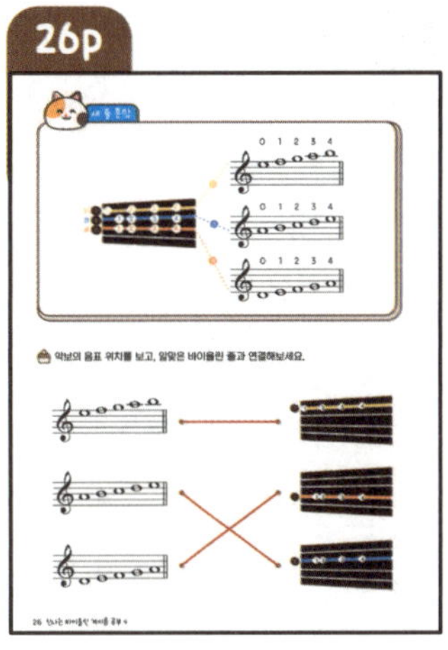

27p

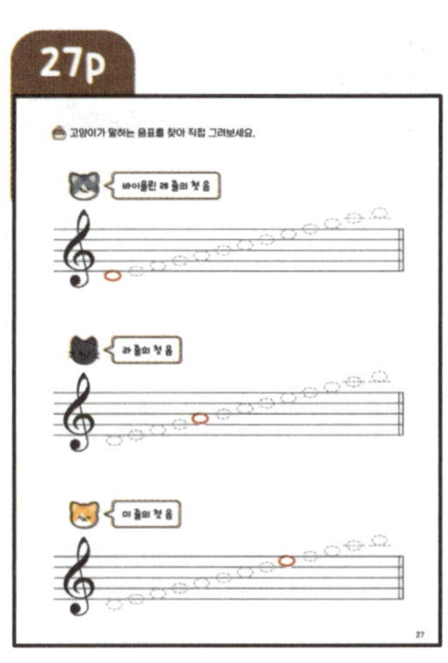

28p

29p

30p

31p

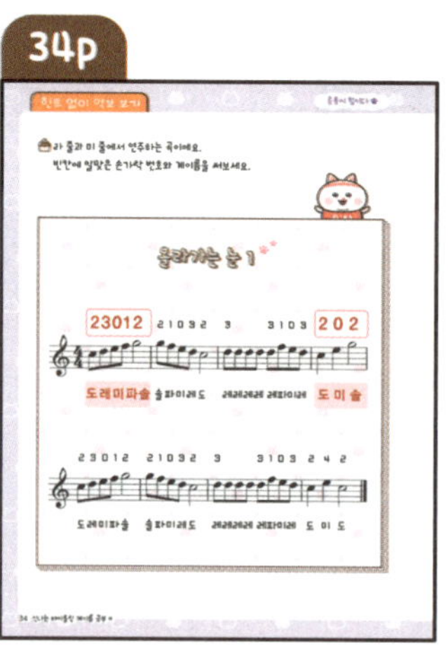
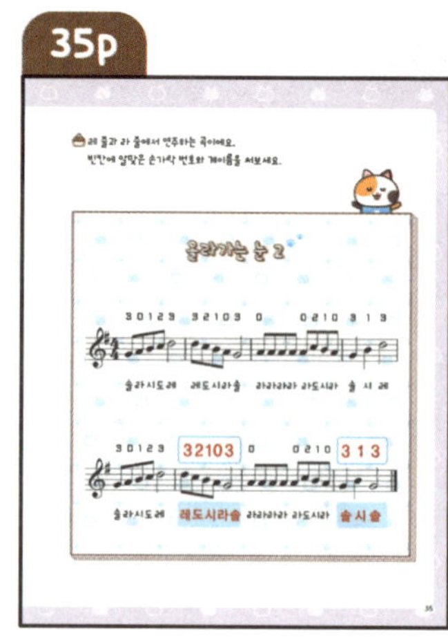

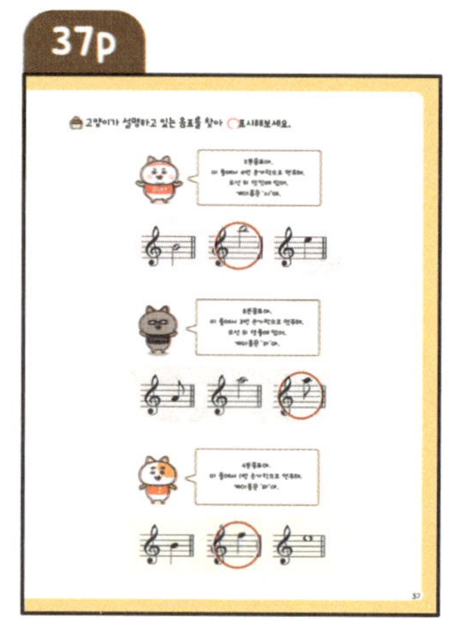
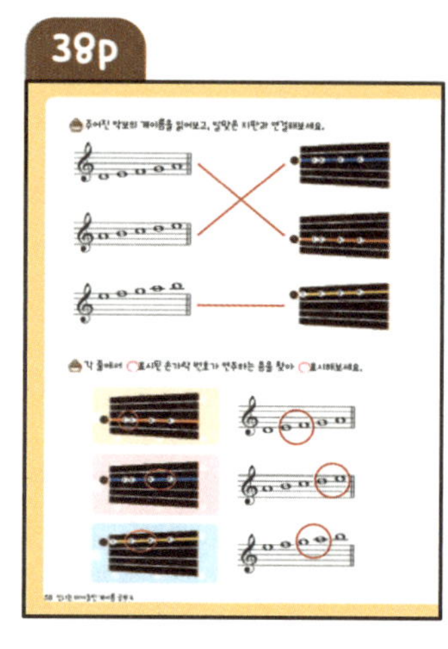

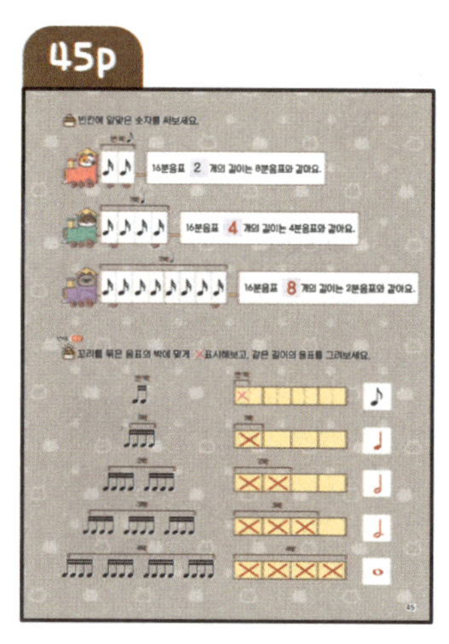
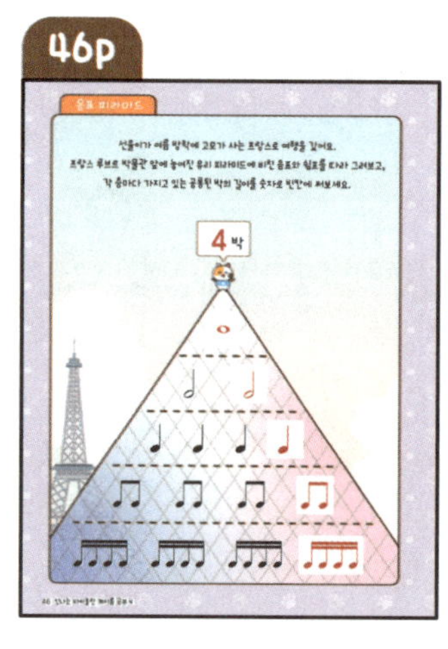
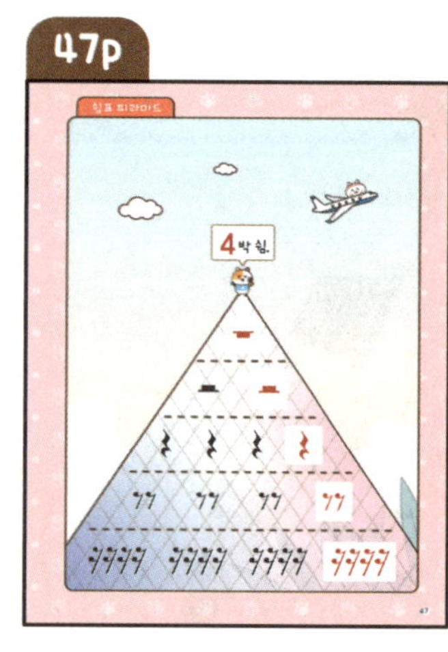
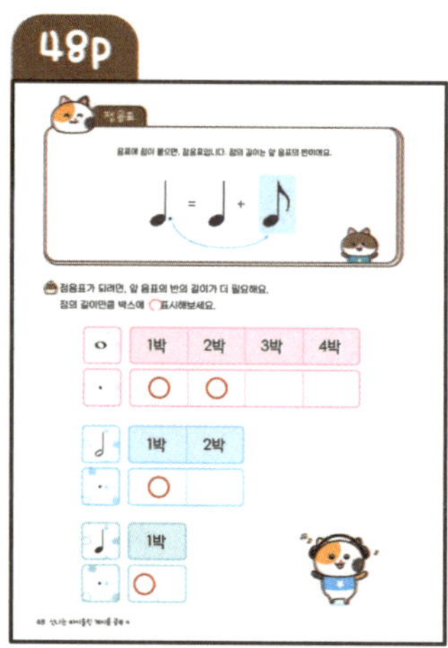
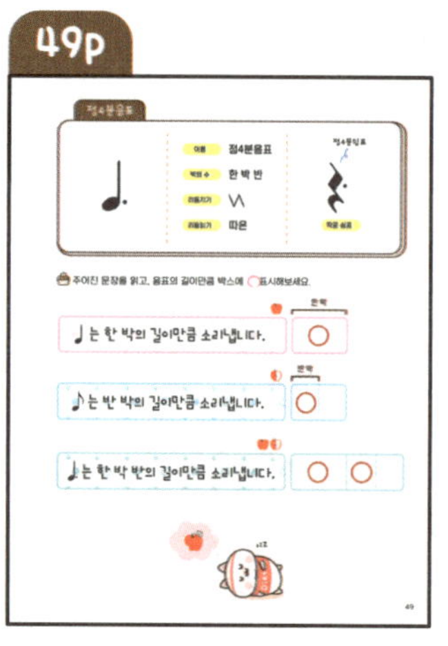
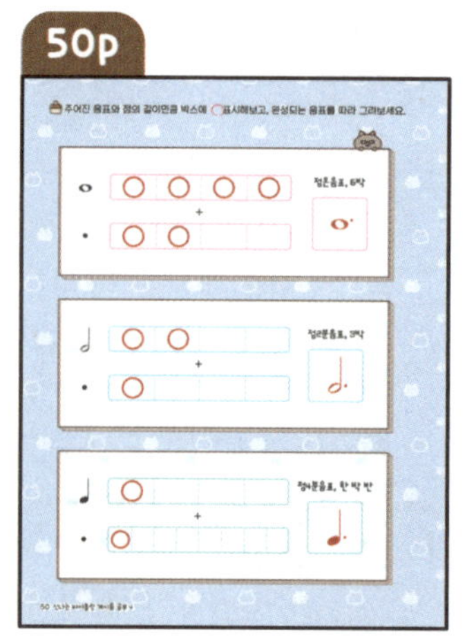

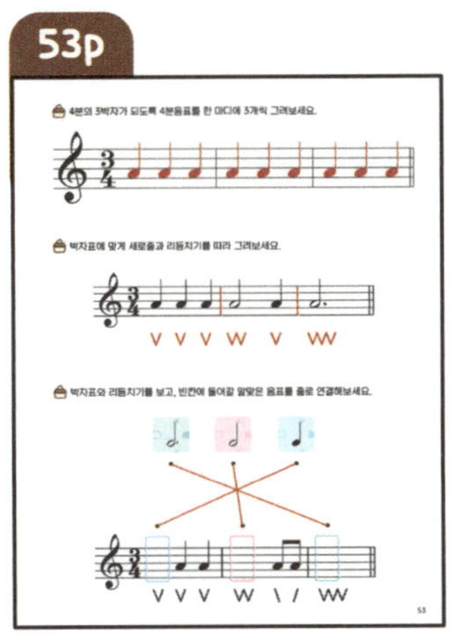

53p

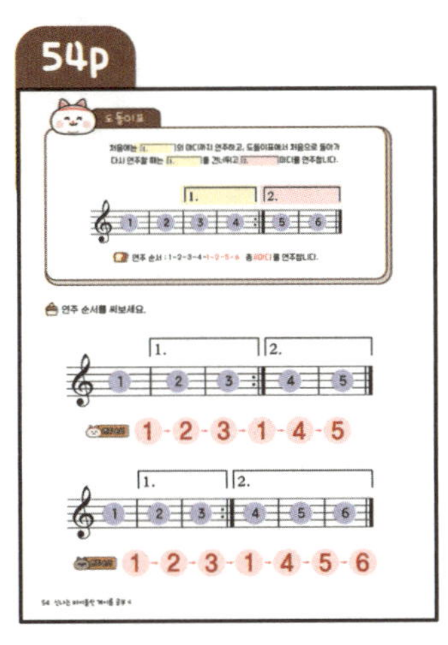

54p

55p

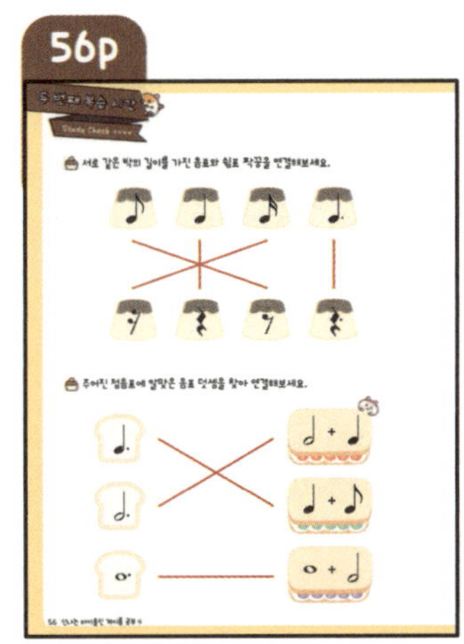

56p

57p

59p

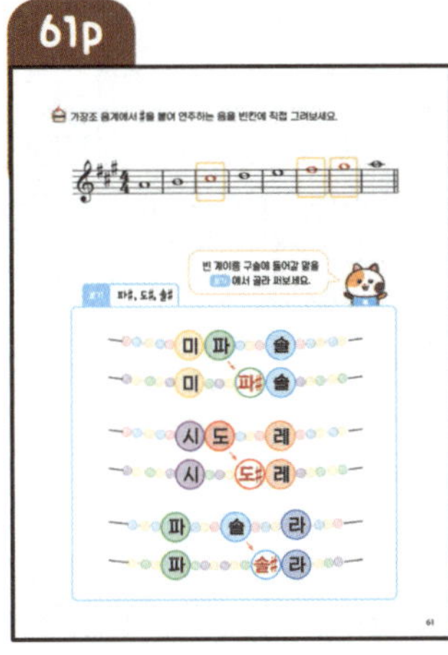

61p

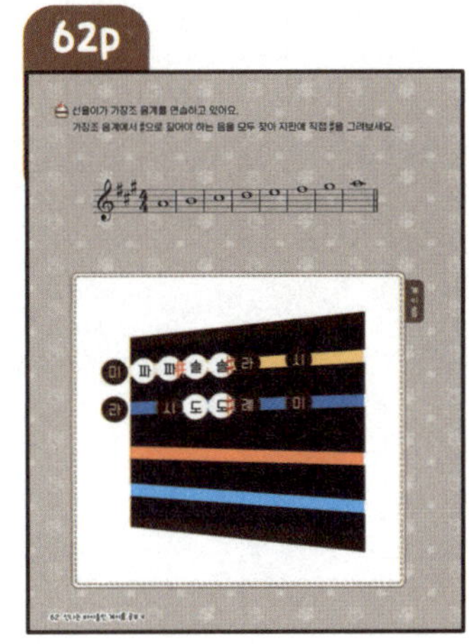

62p

63p

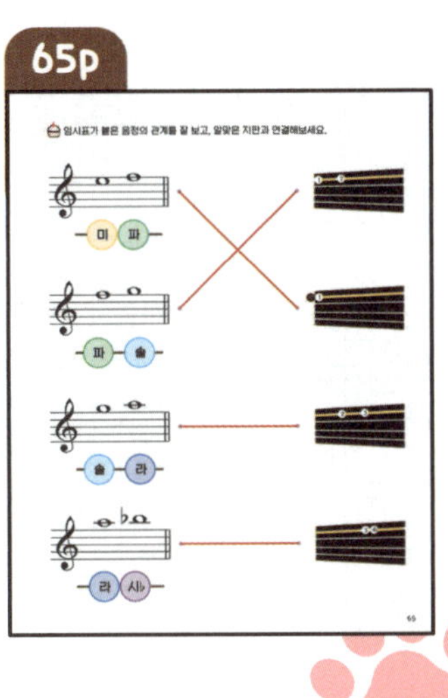

65p

67p

신나는 바이올린 계이름공부 ④ 편집부 편

발행인 박현수
발행처 세광음악출판사 | 서울특별시 용산구 만리재로 178
　　　　 Tel. 02)714-0048(내용 문의)　Fax. 02)719-2656
　　　　 http://www.sekwangmall.co.kr
공급처 (주)세광아트 Tel. 02)719-2651　Fax. 02)719-2191

|총괄| 강성호
|편집 및 교정| 박주영, 여정민
|디자인| 김태원, 강주연, 박현아
|제작| 김상준
|마케팅| 강성호, 윤미희

등록번호　제 3-108호(1953. 2. 12)　**인쇄일** 2024. 03
ISBN　978-89-03-17214-7　93670